EUTHANASIA AS PRIVILEGED COMPASSION

Martin Buijsen
Erasmus University Rotterdam

EUTHANASIA AS PRIVILEGED COMPASSION
(Elements in Bioethics and Neuroethics) by Martin Buijsen
Copyright © 2024 by Martin Buijsen
All rights reserved.
This Korean edition was published by Human Comedy Publishing Co. in 2025 by arrangement
with Cambridge University Press through KCC(Korea Copyright Center Inc.), Seoul.

이 책은 (주)한국저작권센터(KCC)를 통한 저작권자와의 독점계약으로 인간희극에서 출간되었습니다.
저작권법에 의해 한국 내에서 보호를 받는 저작물이므로 무단전재와 복제를 금합니다.

우리에게 안락사가 온다

특권적 연민과 완결된 삶 사이에서

마르틴 부이선 지음 | 김영수 옮김

**세계 최초의 안락사 합법화국 네덜란드는 어디까지 가 있나?
누적된 판례로 본 최신의 안락사 이야기**

인간희극

언젠가 안락사에 관한 책을 한번 내보고 싶었는데, 마침 딱 맞는 책이 있어서 옮기게 되었다. 이 책은 누구의 입장이 아닌, 사유의 지평을 여는 내용이라 개인적으로도 평소 품고 있던 궁금증이 상당부분 해소되었다. 죽음에 대해 말하는 것은 금기시되기 마련이다. 사실 잘 실감하지도 못한다. 그런데 혈육이 떠나면 얘기가 달라진다. 임종을 지키는 것이 중요한 이유는 그 시간이 인간은 "정말" 죽는다는 걸 알려주는 마지막 교훈의 순간이기 때문이다. 다행히 나는 그 순간을 겪었다. 나는 죽음의 현실에 대해 더 많은 것을 알고 싶다. 법률적인 부분을 옮길 때 도움을 준 오랜 벗이자 법률가 D에게 감사를 전한다. —옮긴이

{ CONTENTS }

서문 7

1장 **안락사법과 그 기원** 15
2장 **네덜란드 안락사 시행의 동향** 39
3장 **의사능력이 없는 이를 위한 안락사** 47
4장 **비의료인에 의한 안락사** 81
5장 **연령 관련 조건들** 107
6장 **맺음말** 129

주석 135
참고 자료 147
감사의 글 159

✻ 일러두기
— 이 책의 미주는 모두 원서의 것이다.
— 이 책의 각주는 모두 역자의 것이다.

서문

안락사는 논쟁적인 주제다. 안락사를 시행하는 국가가 점차 늘고 있지만, 네덜란드는 여전히 그것이 허용되는 몇 안 되는 국가 중 하나이다. 네덜란드에서는 매우 구체적인 요건을 충족한 경우에 한해 안락사가 허용된다. 그러나 네덜란드의 안락사 정책과 실제 관행에는 여러 오해가 존재하며, 이 책에서는 그런 점들을 다룰 것이다. 주요 목적은 이를 명확히 하는 데 있다.

안락사를 상당 부분 '비범죄화'한 국가가 네덜란드만은 아니지만, 이 분야에서 가장 오랜 경험을 축적했다는 점에서 특별하다. 엄격한 규제 덕분에 실무에 관한 방대한 지식이 쌓였다. 안락사 합법화에 반대하는 이들은 이러한 투명성과 그에 따른 안전장치의 이점을 간과하는 경향이 있다. 독특한 발전 과정을 겪어 왔고, 지금도 그 과정을 경험 중인 네덜란드는 이 분야에서 오랜 전통을 쌓아온 것이 분명하다. 그런데 합법화를 지지하는 이들 중에서도 그 발전 과정에서 드러나는 문제점을 제대로 보지 못하는 경우가 많다.

안락사는 강한 도덕적 감정을 일으키기도 한다. 이 글은 윤리적 선전물이 아니다. 안락사 합법화를 옹호하거나 범죄화를 주장하려는 의도를 두지 않는다. 독자에게 네덜란드에서 안락사가 어떻게 발전해 왔으며, 어떤 방향으로 나아가고 있는지를 알리는 것이 우선 목표다. 그렇다고 비판적 논평이 전혀 없는 것은 아니다.

2002년 4월 1일 네덜란드 안락사법이 시행된 이후 나는 그 변화를 면밀히 지켜보았다. 학술지, 전문지, 그리고 신문에 여러 글을 기고하며 많은 쟁점을 다뤘다. 이 책에서는 그 이전 글을 돌아보고 생각을 정리해 네덜란드 안락사 정책, 실무가 향하고 있는 방향, 그리고 직면한 도전 과제를 종합적으로 제시하고자 한다.

마지막으로, 이 책은 주로 법적 관점을 취한 것으로 보일 수도 있다. 법률 용어를 피하기 위해 최선을 다했지만, 네덜란드의 안락사 정책이 판례를 통해 형성되었다는 사실은 간과할 수 없다. 현재 논의되는 쟁점도 사법적 심사 대상이다. 네덜란드 안락사의 역사는 법을 광범위하게 언급하지 않고는 결코 설명될 수 없다.

주요 용어 미리보기

안락사(Euthanasia)
'안락사'는 의학적·윤리적 이유로 환자의 생명을 의도적으로 단축시키는 행위를 의미한다. 네덜란드 안락사법(Euthanasia Act)에서는, 환자의 자발적 요청에 따라 의사가 직접 생명을 단축하거나(적극적 안락사), 필요한 약물을 제공하여 환자가 스스로 생을 마감하도록 조력하는 경우(조력 자살)까지 포함하여 모두 '안락사'로 통칭한다. 이 책에서 '안락사'는 형법상 범죄로 규정되지만, 특정 요건을 충족할 경우 면책이 가능한 의료 행위로 전제된다.

의사(Physician)
'Physician'은 일반적으로 '내과의사'를 지칭하지만, 이 책에서는 네덜란드 안락사법에 따라 안락사 시술 및 결정 과정에 법적으로 관여할 수 있는 자격을 갖춘 의료인을 의미한다. 주로 환자와 장기적 관계를 맺고 있는 가정의(general practitioner) 또는 정신과 전문의가 해당되며, 수술 중심의 'surgeon(외과의사)'은 안락사 시술 주체에서 제외된다. 따라서 이 책에서는 'physician'을 '의사'로 번역하되, 문맥상 '의사(意思)'와 혼동될 우려가 있는 경우에는 '의료인'이라는 표현을 병행하여 사용하였다.

적정 주의의무 요건(Due Care Requirements)
'적정 주의의무 요건'은 네덜란드 안락사법 제2조에 명시된 의사의 법적·의학적 판단 기준을 의미한다. 여기에는 환자의 자발성, 고통의 견딜 수 없음, 대안의 부재, 사전 정보 제공, 제3의 의사와의 상담, 시술의료의 적정성 등이 포함된다. 이는 단순한 의료 지침이 아니라, 형사 면책을 위한 법적 요건이므로, 의료 윤리와 법적 책임이 동시에 작동하는 개념이다.

불가항력(Force Majeure)

이 책에서 '불가항력'은 일반적인 재난이나 천재지변과 같은 외적 요인이 아니라, 네덜란드 형법상 의사가 직면한 윤리적·직업적 의무 충돌 상황을 지칭하는 형사 책임 면제 근거를 의미한다. 예컨대 의사는 생명을 유지할 의무와 동시에, 극심한 고통에 처한 환자의 고통을 경감시킬 윤리적 의무 사이에서 갈등할 수 있다. 이러한 상황에서 환자의 생명을 단축하는 결정이 고통 경감을 위한 불가피한 선택이었다면, 법원은 이를 '불가항력'으로 간주하여 형사 책임을 면제할 수 있다. 이 개념은 '긴급 상황에서의 불가항력(force majeure in the sense of emergency)' 또는 '신중한 해석이 요구되는 긴급 불가항력(as an emergency with extra caution)'과 같은 표현으로 변주되며, 특히 정신질환 같은 사례에서는 보다 엄격한 적용 기준이 요구된다.

자발적이고 숙고된 요청(Voluntary and Well-Considered Request)

'자발적이고 숙고된 요청'은 안락사법상 시술의 전제가 되는 핵심 조건으로, 환자가 외부 강요 없이 충분한 정보와 숙고를 거쳐 안락사를 요청해야 한다는 요건을 의미한다. 이는 환자의 자기결정권을 보호함과 동시에, 시술의 자발성과 정당성을 확보하기 위한 법적 기준으로 작동한다.

의학적으로 분류 가능한 고통(Medically Classifiable Suffering)

'의학적으로 분류 가능한 고통'은 안락사 요청이 정당화되기 위해 환자가 겪는 고통이 정신적·신체적 질환에 의한 것이며 의료적으로 진단 가능해야 한다는 기준을 의미한다. 이는 단순한 삶의 피로감이나 정서적 고립과 같은 상태는 해당되지 않으며, 법원이 안락사 요건을 판단할 때 핵심적으로 고려하는 요소다.

사전의향서(Advance Directive)

'사전의향서'는 환자가 의사 표현을 할 수 없는 상태에 대비해, 생명 연장 치료 또는 안락사에 대한 자신의 의사를 미리 문서화해두는 법적 도구이다. 네덜란드에서는 안락사 요청의 자발성과 숙고 여부를 확인하는 주요 참고자료로 활용된다. 특히 환자가 의사능력 부재자(the incompetent)가 된 이후에도, 유효한 사전의향서가 존재할 경우, 이는 생전 의사 표현의 연장으로 간주되어 안락사 시술의 정당성을 뒷받침할 수 있다. 다만, 의사의 해석과 지역 안락사 심의위원회의 판단에 따라 효력은 제한될 수 있다.

지역 안락사 심의위원회(The Regional Euthanasia Review Committee)

'지역 안락사 심의위원회'는 안락사 시행 이후, 보고된 사례가 법률상 요건을 충족했는지를 심사하는 독립적인 "사후" 평가 기구(post hoc assessment body)를 의미한다. 승인 기관으로 오해해서는 안 되며, 법적 기준 미달 시 검찰 및 보건감독청에 해당 사례를 통보하는 역할을 수행한다.

보고 절차(Notification Procedure)

'보고 절차'는 안락사 시술 이후, 의사가 해당 사례를 지역 안락사 심의위원회에 공식적으로 보고하는 법정 절차를 의미한다. 이는 사전 신청이 아닌 사후 보고 제도로, 국가가 안락사를 사전 허가하거나 심사하는 구조는 아니다. 보고서에는 환자의 상태, 고통의 정도, 대안의 부재, 자발성, 상담 여부 등이 서면으로 기재되어야 한다.

조력 자살(Assisted Suicide)

'조력 자살'은 환자가 자발적으로 생을 마감하려는 의지를 갖고, 의사가 치명적 약물을 제공하거나 복용을 준비해 주는 의료 행위를 의미한다. 이는 의사가 직접 생명을 단축하는 안락사와는 구별되며, 환자가 최종적으로 자살 행위를 실행한다는 점에서 자율성이 강조되는 방식이다. 네덜란드에서는 조력 자살도 안락사의 일환으로 분류되며, 적정 주의의무 요건과 보고 절차가 동일하게 적용된다.

자살 방조 or 자살 조력(Assisting in Suicide)

'자살 방조'는 네덜란드 형법 제294조에서 명시된 범죄로, 타인의 자살을 유도하거나 도와주는 행위 전반을 의미한다. 여기에는 약물 제공, 물리적 지원, 자살 방법 안내 등이 포함되며, 의사가 아닌 자가 이를 행할 경우 원칙적으로 형사 처벌 대상이 된다. 다만, 의사가 일정한 적정 주의의무 요건을 충족하는 경우에는 법적 면책이 가능하다. 한국어로 부정적인 뉘앙스가 덜한 '자살 조력'이라는 표현도 병행하였다.

의사능력 부재자(The Incompetent)

'의사능력 부재자'는 의료적·법적 판단능력, 즉 자기결정권을 행사할 수 있는 인지적·심리적 능력이 결여된 사람을 의미한다. 이는 일시적일 수도, 치매·혼수상태·정신질환 등으로 인해 영구적일 수도 있으며, 신생아·영아처럼 애초에 의사능력이 발달하지 않은 경우일 수도 있다. 안락사법상 환자의 요청의 자발성과 숙고 여부를 판단하는 데 핵심적 요건이 되며, 법적 맥락에서 행위 능력의 부재를 뜻하는 중립적 기술 용어로 사용된다.

특권적 연민(Privileged Compassion)

'특권적 연민'은 안락사와 같은 생명 단축 행위가 예외적으로 면책될 수 있도록 정당화하는 의사의 윤리적 동기와 재량을 강조하는 개념이다. 형법상 범죄인 행위가, 환자의 고통에 대한 연민에 기반해 일정 요건 하에서 법적으로 허용될 수 있다는 구조는, 네덜란드 안락사 제도의 핵심이다. 이 개념은 의료인의 책임과 직업윤리에 법적 특권이 부여될 수 있음을 전제하며, 이 제도를 '의사의 판단'에 무게를 두고 정당화하는 방향을 대표한다.

완결된 삶(Completed Life)
'완결된 삶'은 중증질환이나 정신질환이 없음에도, 개인이 삶의 의미를 상실하거나 생존 자체를 고통으로 인식하는 상태를 지칭한다. 이는 자기결정권과 자율성을 존중하려는 윤리적 요청에서 비롯되며, 제도 확장의 방향으로 논의되지만, 현재로서는 의학적 요건 부재로 인해 정당화되지 않는 영역이다. '완결된 삶' 개념은 '특권적 연민'과 대조적으로, 환자 스스로의 주체성과 자율성에 윤리적 근거를 두고 있으며, 이 책은 두 원칙 간의 긴장, 즉 의사의 연민 기반 권한과 환자의 자율적 자기결정권 간의 충돌을 중심 축으로 삼는다.

다중 노년 증후군(Multiple Geriatric Syndromes)
'다중 노년 증후군'은 고령 환자에게서 흔히 나타나는 다양한 퇴행성 상태들이 복합적으로 존재하는 상태를 의미한다. 여기에는 낙상, 쇠약, 시력·청력 저하, 인지기능 감퇴, 이동성 상실, 수면 장애 등이 포함된다. 단일 질환으로 진단되기 어렵지만, 이들이 결합되어 환자의 삶의 질을 현저히 저하시킬 경우, 의학적으로 분류 가능한 고통으로 간주될 수 있다. 네덜란드에서는 '완결된 삶' 논의에서 이 개념이 자주 언급되며, 고령자의 안락사 요청 정당화를 뒷받침하는 의료적 근거로 활용되기도 한다.

1. 안락사법과 그 기원

네덜란드의 안락사 관행을 제대로 이해하려면, 그것이 어떻게 형성되었는지를 아는 것이 필수적이다. 안락사에 대한 네덜란드적 관념이 형성되는 데까지 수많은 사회적 행위자들이 기여했지만, 입법자는 그 공이 가장 적다. 이 관행의 출발점은 임종기에 표준적 의료 행위와 비표준적 의료 행위를 무엇으로 구분할 것인가에 대한 사회적 이해당사자들 사이의 합의가 점차 넓어져 온 과정이라 할 수 있다.[1] '안락사'라는 용어는 광범위하여 여러 임종기 처치를 가리키는 데 쓰일 수 있다. 그러나 네덜란드에서 안락사는 매우 특정한 의미로 규정된다. 먼저 알아두어야 할 것은, 다른 곳에서는 안락사로 간주될 수도 있는 행위 가운데 일부가 네덜란드에서는 표준 의료로 여겨진다는 사실이다(1.마 참조).

가. 1969년 이전

안락사법(정식 명칭: 요청에 의한 생명 종결 및 자살 조력 심사법the Act on the Assessment of Termination of Life on Request and Assistance in Suicide)은 2002년 4월 1일 발효되었다. 이 법의 제정은 수십 년 전부터 이어져 온 흐름에 공식적인 마침표를 찍었다. 사실 오늘날 우리가 아는 형태의 관행을 가능케 하는 모든 기반 요소가 자리잡은 것은 이미 1984년경이었다.

1960년대까지 네덜란드에서 안락사에 관한 저술은 거의 없었다. 1886년 형법 제정 이래로 '요청에 의한 생명 종결'과 '자살 조력'은 범죄로 규정되어 있었지만, 1944년까지 이 조항으로 기소된 사례는 없었다. 그해 네덜란드 대법원이 안락사를 쟁점으로 하는 판결을 내렸으나, 이는 하급심 판결의 입증 의무만을 논한 것이라 최초의 '안락사 판례'로는 간주되지 않는다.[2]

소위 '아인트호벤 의사 사건Eindhoven doctor case'(1952년)을 살펴 보자. 결핵으로 극심한 고통을 겪던 요양원 환자가 여러 차례에 걸쳐 자신의 형인 의사에게 생명을 끝내 달라고 간청했다. 마침내 형은 코디노보Codinovo 정제를 건네고 치명량의 모르핀morphine을 투여해 그 간청에 응했다. 재판에서 그는 양심의 소리에 따를 수밖에 없었다고 주장했다. 그러나 지방법원은 양심의 소리에 따라 다른 사람의 생명을 종결하는 행위를 정당화하는 초법적 면책 사유는 존재하지 않으며, 고통이 극심하고 본인이 명시적으로 원한다고 해도 예외가 될 수 없다고 판시했다. 상급심 또한 이를 유지했

고 피고인은 징역 1년에 집행유예를 선고받았다.[3]

이 사건은 환자의 요청에 따라 의사가 고의로 생명을 종결한 행위를 두고 네덜란드 법원이 처음으로 판단을 내린 사례였다. 환자는 스스로의 언어로 "거의 참을 수 없을 만큼" 고통스럽다고 표현했지만, 엄밀한 의미의 의사-환자 관계가 성립했다고 보기 어려웠고, 의료계 내부에서도 이 사건은 의사라기보다 '형제'의 행동으로 여겨졌다.[4]

나. 1969-2002

1960년대의 사고방식 변화, 즉 세속화, 해방, 그리고 개인주의의 확산은 의사와 환자의 관계에도 영향을 미쳤다. 이 시기 네덜란드에서는 환자 권리 운동이 태동했다. 의사의 권위가 도전을 받았고, 환자의 자율성에 대한 존중이 요구되었다. 이러한 요구는 곧 정보 제공, 동의, 대리 의사결정 등에 관한 법적 권리로 구체화되었다.[5]

또한 1960년대는 의학과 기술이 비약적으로 발전하던 시기로, 그에 따라 새로운 도덕적 질문이 제기되었다. 의학 기술 덕분에 회복이 불가능한 상황에서도 생명을 유지할 수 있게 되었기 때문이다. 네덜란드 사회의 안락사 이해에 큰 영향을 미친 사건은 1969년, 내과 및 정신과 전문의이자 철학자인 얀 헨드릭 판 덴 베르흐 Jan Hendrik van den Berg가 집필한 소책자 『의학적 권력과 의료 윤리

Medische macht en medische ethiek』의 출간이었다.[6] 초판은 생명을 무조건 보존해야 한다는 의무를 더 이상 인정하지 않는 윤리를 주장해 큰 반향을 일으켰다. 저자는 "의사는 어디서든, 언제든, 그것이 의미 있을 때, 인류의 생명을 보존하고 보호하며 연장해야 할 의무가 있다"고 말했다.[7] 그러나 더 이상 의미가 없을 때에는 의사가 소극적이든 적극적이든 환자의 생명을 종결할 도덕적 권리가 있다고 그는 주장했다.[8] 네덜란드에서는 판 덴 베르흐가 안락사 문제를 공론의 장에 본격적으로 올려놓은 인물로 평가받는다. 이후로 이 주제는 줄곧 사회적 의제로 남아 있다.

1. 포스트마 사건 (1973)

포스트마 사건Postma case에서도 가족 관계가 중요한 역할을 했다. 대상자는 요양원에 입원해 있던 78세의 중증 환자로, 부분 마비와 요실금 등 여러 증상을 겪었지만 정신은 또렷했다. 사망한 달 전 폐렴까지 겹치자 그는 극심한 고통 속에서 죽음을 간절히 원하며 담당의와 가족들에게 생명을 마쳐 달라고 거듭 요청했다. 담당의는 환자의 고통이 극심하다는 사실을 인정했지만, '요청에 의한 생명 종결'이 형법상 금지되어 있다는 이유로 적극적 안락사를 실행할 수 없다고 판단했다. 요양원 직원들의 반발도 우려됐다. 결국 환자의 딸이자 의사였던 포스트마-판 보번 Postma-van Boven 씨가 어머니에게 치사량의 모르핀 주사를 놓았다. 지방법원은 그녀의 동기가 "지극히 순수했다"는 점을 감안해 징역 1주에 집행유예를 선고하는 데 그쳤다.[9]

포스트마 사건은, 법원이 처음으로 '요청에 의한 생명 종결'에 대해 처벌 면제 가능성을 검토했다는 점에서 하나의 이정표가 되었다. 지방법원은 한 의사(보건 감독관healthcare inspector)에게 금지 규정의 예외가 정당화될 수 있는지 여부를 판단해 달라고 자문을 구했다. 그의 의견서에는 훗날 안락사법에 포함될 '적정 주의의무 요건due care requirements'이 뚜렷이 드러난다. 그는 다음 조건이 충족되면 예외를 인정할 수 있다고 보았다.

- 환자가 질병이나 사고로 인해 회복 불가능한 상태에 있거나, 의학적으로 그렇게 판단된다.
- 환자가 겪는 신체적·정신적 고통이 주관적으로 참을 수 없거나 매우 심각하다.
- 환자가 생명을 마치고 싶다는 의사wish, 또는 최소한 고통을 덜어 달라는 의사wish를 명시적으로 표명했으며, 혹은 필요할 경우, 사전에 서면으로 남겼다.
- 안락사를 의사가 시행했다. 즉, 주치의이거나 그의 협의를 받은 다른 의사가 시행해야 한다.[10]

감독관은 여기에 더해 "환자가 이미 임종 과정에 있거나, 그 과정의 시작이 임박해 있어야 한다"는 조건도 제시했다.[11] 그러나 재판부는 이 요건은 받아들이지 않았고[12] 이는 안락사법에도 포함되지 않았다.

그 딸이자 의사는 '불가항력force majeure'을 근거로 면책을 주장했지만, 어머니의 고통 경감을 먼저 시도하지 않았다는 이유로 받아들여지지 않았다. 아인트호벤 의사 사건과 달리, 이 판결은 사회적으로 큰 논쟁을 불러일으켰다. 시대적 분위기가 바뀐 것이다. 이 재판을 계기로 임종기 의사결정에 대한 수많은 글이 쏟아졌고, 안락사의 사회적 수용과 합법화를 추구하는 시민 단체들이 잇달아 결성되었다.[13]

2. 베르트하임 사건 (1981)

또 하나의 중대한 판결은 '베르트하임 사건Wertheim case'이다. 적극적 안락사 운동가였던 베르트하임-엘링크 스후어르만 Wertheim-Elink Schuurman 여사가 다른 여성의 자살을 도운 혐의로 기소되었다. 그 여성은 수차례 삶을 마치고 싶다는 뜻을 밝힌 끝에, 베르트하임 여사로부터 치명량의 약물을 건네받아 복용하고 사망했다. 피해자의 삶은 비극의 연속이었다. 알코올 의존 상태였고, 사회적으로 고립되어 있었으며, 스스로 암에 걸렸다고 믿었지만 사후 부검 결과 암은 아니었다.

지방법원은 "오늘날 많은 사람들이—형법이 제정될 당시와는 달리—예외적인 경우, 자살이 필연적으로 용납 불가능한 행위라고 보지는 않는다"[14]고 언급하며 포스트마 판결에서 제시된 요건을 다시 인용했다. 여기에 더해 법원은 다음 사항을 명시적으로 강조해 기준을 강화했다. 자살 도움 요청은 자발적이어야 하며, 충분히 숙고된 것이고, 일정 기간 지속되어야 한다. 또한 상황을 개선할 다른 방법이 없어야 하며, 본인이 생명 종결 결정을 내리기 전에 모든 정보를 충분히 제공받아야 하고, 의사가 자살 조력 여부를 결정하는 과정에 관여해야 한다.[15] 이 요건들은 훗날 제정된 안락사법에도 그대로 반영되었다.

그러나 사건 당사자들은 대부분의 요건을 충족하지 못했으므로, 베르트하임 여사가 주장한 '긴급 상황에 의한 불가항력'은 인정되지 않았다. 그녀는 징역 6개월에 보호관찰 기간 1년을 선고받았다.[16]

베르트하임 판결 이후, 검찰총장실Procurators General은 일선 검찰청에 보고된 생명 종결 요청 또는 조력 자살이 의심되는 모든 사건을 상부로 회부하여 기소 여부 판단을 받도록 방침을 정했다.[17] 이러한 방침에 따라 기소 결정이 내려진 대표 사례가 바로 '스혼하임 사건Schoonheim case'(1984)인데, 이 사건에 대한 대법원 판결은 사실상 네덜란드 안락사 정책의 틀을 확정지었다.[18]

3. 스혼하임 사건 (1984)

환자는 95세 여성으로 전신 장애 탓에 침대에만 누워 있었고, 일상 돌봄을 전적으로 타인에게 의존했다. 그는 안락사를 요청하는 사전의향서advance directive를 작성해 두었고 의식이 명료한 상태에서 병세가 악화되자 점점 더 간절히 생명 종결을 요구했다. 며칠간 혼수상태로 지내며 음식과 물조차 섭취하지 못하는 심각한 증세를 겪고 난 뒤, 다시는 그런 고통을 겪지 않겠다며 안락사를 재차 요청했다. 주치의 스혼하임Schoonheim 박사에 따르면 환자에게는 매일매일의 삶이 극도로 부담스러운 경험일 뿐이었고 그로 인한 고통도 참기 어려운 상태였다.

스혼하임 박사는 가족 주치의로서 보조 의사와 상의한 끝에 환자의 뜻을 따르기로 결정했고, 그 결과 기소되었다. 1심에서 공소가 기각되었으나[19] 항소심에서는 유죄가 선고되었다.[20] 형은 부과되지 않았지만, 스혼하임 박사는 대법원에 상고했다. 환자의 고통이 의사가 안락사를 통해 그 고통을 덜어주는 것 외에는 달리 합리적인 선택이 없을 정도로 참을 수 없는 것이었는지에 대해, 고등법원이 충분히 검토하지 않았다고 주장한 것이다. 이 점에 대해 대법원은 스혼하임 박사의 주장을 받아들여 다음 요건을 충족할 경우 의사가 긴급 상황에 의한 '불가항력'을 성공적으로 원용할 수 있다고 판시했다.[21]

- 관련 의무와 이해관계를 신중히 저울질했다.
- 이를 의료 윤리 및 전문적 기준에 따라 수행했다.
- 구체적 사정하에 객관적으로 정당화될 선택을 내렸다.[21]

또한 판단 시 중요할 수 있는 요소로 다음을 열거했다.

- 전문 의학적 판단에 비춰볼 때, 존엄성 상실로 환자가 점점 더 고통받거나 이미 참을 수 없는 고통이 더 악화될 우려가 있는지
- 가까운 장래에 존엄하게 죽을 기회를 잃게 될 가능성이 있는지
- 고통을 완화할 다른 수단이 남아 있는지[22]

첫 두 요소를 환자 자율성 원칙과 연결 짓기 쉽지만, 대법원은 자율성 개념을 논하지 않았고, 이를 고통의 구성 요소로 보았다. 대법원은 항소심 판결을 파기하고 사건을 헤이그 고등법원

으로 환송했으며, 고등법원은 스혼하임 박사의 불가항력 주장을 받아들여 무죄를 선고했다.[23]

당시 고등법원 판결과 대법원 판결 사이에는 상당한 시일이 흘렀다. 이는 네덜란드 왕립의사회[KNMG]의 입장을 파악하기 위해 선고가 연기됐을 가능성이 크다.[24] KNMG 역시 네덜란드 안락사 정책 형성 과정에 큰 영향을 미친 주체다.

4. 네덜란드 왕립의사회(KNMG)

스혼하임 사건에 대한 대법원 판결이 내려지기 일주일 전, KNMG 총회에 안락사 문제가 의제로 올라왔다. 이사회는 이미 협회 주간지에 자체 입장을 발표한 상태였다. 이사회는 네덜란드 의료 현장에서 안락사가 현실적으로 시행되고 있다는 사실을 인정했으며, 안락사를 집행할 수 있는 주체는 오직 의사뿐이어야 한다고 확신했다.[25]

이사회는 안락사 시행을 고려하는 의사들이 느끼는 법적 불확실성을 해소하고자 '적정 주의의무 요건'을 제시했다. 즉, 의사가 책임 있는 방식으로 안락사를 시행하려면, 우선 환자의 요청이 충분히 숙고된 것이며 자발적이어야 한다. 그리고 죽고자 하는 의지가 지속적이어야 하고, 고통이 용납할 수 없을 정도여야 한다. 추가적으로, 안락사를 요청받은 의사는 경험 많은 동료 의사와 반드시 사전 협의해야 한다. 또한 이사회는 안락사 사망을 자연사로 등록하는 행위를 근본적으로 잘못된 것으로 규정했다. 사망진단서를 사실대로 작성하지 않는 것은 의료 전문직의위상에 부합하지 않는다고 볼 뿐 아니라, 의료 영역에서 '안락사'라는 이름 아래 이루어지는 모든 행위는 검증 가능해야 한다고 본 것이다. 더 나아가 안락사 사례에서 사망 원인을 흐리는 것은 법과 의료 관행 간에 이미 존재하는 긴장을 더욱 악화시킬 뿐이라는 점을 이사회는 인식하고 있었다.[26]

네덜란드 법원 역시 사망진단서 허위 기재에 대해 일관되게 엄격한 태도를 보여 왔다. '라데마커 사건Rademaker case'(1987)*에서 대법원은, 설령 죽음이 불가피하고 자연사 시점이 임박했더라도 안락사는 반드시 '비(非)자연사'로 보고해야 한다고 판시했다.[27]

KNMG 총회에서 협회장은 안락사에 대해 도덕적 입장을 취하지 않겠다는 이사회의 명확한 의지를 거듭 강조하며 논의를 마무리했다. 이사회의 의도는 어디까지나 안락사를 고민하는 의사 회원들에게 실질적인 지침을 제공하려는 데 있었다.[28]

5. 샤보 사건 (1994)

네덜란드 법원이 의료계의 견해를 지침으로 삼았다는 사실은 '샤보 사건Chabot case'에서도 분명히 드러난다. 정신과 의사 샤보 Dr. Chabot 박사가 제공한 치사량 약물을 복용해 50세 여성 환자가 생을 마친 사건으로, 환자는 과거의 결혼 문제, 이혼, 두 어린 아들의 사망이라는 연이은 비극으로 수년간 심리적 고통을 겪

---

* 라데마커 사건(1987)은 루게릭병을 앓고 있던 여성 환자의 요청에 따라, 코데인계 진통제를 제공하고 모르핀을 치사량으로 투여한 라데마커 박사가 기소된 사건이다. 환자의 요청에 따라 생명을 종료한 의사가 사망진단서를 '자연사'로 허위 기재한 사례로, 네덜란드에서 안락사 보고 의무의 중요성을 환기시킨 판례다. 법원은 환자의 고통과 요청, 의료적 윤리에 따른 동기를 참작해 징역 1년에 집행유예를 선고했지만, 비자연사로 보고한 점을 중대한 법 위반으로 판단했다.

어 왔다. 장기간 상담에도 불구하고 삶을 끝내려는 의지는 확고했다. 샤보 박사는 환자가 지속적, 참을 수 없는, 그리고 희망 없는 고통을 겪고 있다고 판단했다. 이 여성은 신체적으로는 건강했으며 고통이 특정 정신질환이나 장애의 결과는 아니었지만, 복잡한 애도 과정 속에 우울 증상이 나타나 있었다. 샤보 박사는 이러한 상태가 치료 가능하다고 보았으나, 환자는 모든 추가 치료를 일관되게 거부했다. 의료적 도움 없이 자살을 시도할 가능성이 높았고, 실제로 약을 모아두었다가 자살을 시도한 적도 있었다. 재시도 가능성 또한 농후했다. 전문가(정신과 의사 및 윤리학자) 7인과 서면으로 협의한 끝에, 샤보 박사는 환자에 대한 현실적 치료 전망이 더 이상 없다고 결론지었다.

지방법원과 항소심 법원은 샤보 박사의 '긴급 상황에 의한 불가항력' 주장을 받아들였다.[29] 그러나 대법원은 이를 인정하지 않고 유죄를 선고하되 형을 부과하지는 않았다.[30] 대법원은 무엇보다도 자문한 전문가들 가운데 누구도 직접 환자를 진찰하지 않았다는 점을 문제 삼았다. 따라서 고통의 '치료 불가능성'이 충분히 입증되지 않았다는 것이다. 특히 고통이 신체적이 아닌 정신적 원인이었기에, 자문 의사의 대면 진찰이 필수적이라고 보았다.[31]

대법원은 이 판결을 통해 다음 사항을 명확히 했다.

- 정신과 환자도 자발적이고 충분히 숙고한 안락사 요청을 할 수 있다.
- 고통의 원인은 고통의 '정도'와 무관하다. 즉, 희망 없음과 참을

수 없음 자체가 핵심이며, 원인이 신체적인지, 정신적인지, 기타 요인인지 여부는 중요하지 않다.

- 그러므로 정신질환이나 장애에서 비롯된 고통도 안락사를 정당화할 수 있다.

- 이러한 사안에서 법원은 의사의 '긴급 상황에 의한 불가항력' 주장을 특별히 신중하게 심리해야 한다. 왜냐 하면 (1)정신 질환·장애가 환자의 결정 능력에 영향을 미치지 않았음을 확실히 해야 하고, (2)정신적 원인에서 비롯된 고통의 '참을 수 없음'과 '희망 없음'은 입증하기가 더 어렵기 때문이다.

- 원칙적으로, 환자가 고통을 줄일 수 있는 진통제 치료나 완화의료 호스피스 같은 현실적인 대안이 있다는 정보를 충분히 이해하면서도 자발적으로 그 치료를 거부했다면, '희망 없는 고통'이라는 것은 성립할 수 없다.[32]

6. 의회와 정부

1984~1986년은 네덜란드 안락사 정책의 분수령이 된 시기였다. 그전까지는 정치권의 개입이 거의 없었지만, 1980년대에 들어 정치 정당들이 차츰 입장을 표명하기 시작했다. 1984년 사회자유주의계 의원 엘리다 베셀-타인스트라$^{\text{Elida Wessel-Tuinstra}}$가 네덜란드 최초의 안락사 법안을 의원 입법 형식으로 제출했으나[33] 당시 중도우파 정부의 반대로 진전을 보지 못했다.[34]

1989년, 뒤이어 출범한 중도좌파 정부는 안락사 실태 조사를 공식 지시했다.[35] 의사의 협조 없이는 조사가 불가능했으므로, 당시 정부는 의사들의 요구 일부를 수용해, 안락사 통보 절차

notification procedure와 사법 처리 지침을 마련했다.[36] 그 결과 1990년 한 해 동안 안락사가 약 2,300건, 조력 자살이 약 400건 시행된 것으로 추정됐으며, 환자 요청 없이 생명을 종결한 사례도 약 1,000건으로 나타났다. 의사 결정 과정decision-making process을 서면 보고한 비율은 40%에 불과했고, 비자연사로 신고한 경우는 18%에 그쳤다.[37]

의회는 연구 목적을 위해 고안된 통보 절차에 법적 근거를 부여하자는 정부의 제안을 승인했다.[38] 이는 1994년 6월부터 시행되었다. 이렇게 해서 2002년 안락사법 제정 전까지는, 안락사를 금지하는 형법 규정과 사례 보고를 위한 행정 규정이 병존하는 이른바 네덜란드식 실용주의가 유지되었다.

1994년에는 1918년 이후 처음으로 기독교민주당이 빠진 연립 정부가 출범했고, 두 번째 실태 조사가 실시되었다. 1995년 안락사 건수는 3,200건으로 늘었으나 조력 자살 건수는 비슷하게 유지되었다. 환자 요청 없는 생명 종결은 900건으로 줄었고, 동료 의사 협의가 이루어진 비율은 92%로, 통보율은 41%로 상승했다.[39] 통보율이 여전히 낮다고 판단한 정부는 통보 의사notifying physicians와 검찰Public Prosecutor's Office 사이에서 중간 심사를 맡는 지역 안락사 심의위원회regional euthanasia review committees를 두자는 방안을 제안했다. 이 위원회는 의사가 적정 주의의무 요건을 준수했는지 평가해, 요건을 충족했을 경우 불기소 의견을 낼 수 있도록 하자는 것이었다.[40]

1998년 정부는 정식 법안을 제출했고[41] 2002년 4월 1일 『요청에 의한 생명 종결 및 자살 조력 심사법』(안락사법)이 발효되었다. 이 법은 통보 절차와 사전 협의 의무를 공식화하고, 심의위원회의 지위를 강화했다. 법 시행 이후, 심의위원회에 의해 의사가 적정 주의의무 요건을 충족했다고 판단되면 검찰과 보건감독청에 사건을 통보하지 않는다.⁴² 그리고 그 즉시 사건은 종결된다.

이후 안락사법은 적정 주의의무 요건 자체를 추가로 변경하지는 않았다. 그러나 이 요건을 올바르게 이해하려면 마지막으로 하나의 판례를 더 살펴볼 필요가 있다.

7. 브롱허르스마 사건 (2002)

1998년 4월, 전 상원의원 에드바르트 브롱허르스마Edward Brongersma는 가정의로부터 건네받은 치사량의 약물을 복용해 생을 마쳤다. 86세였던 그는 어지럼증과 골다공증 등 노화에 따른 불편을 제외하면 중증 신체 질환이나 정신질환이 없었다. 그러나 노쇠, 고독, 타인에 대한 의존, 삶의 무의미감으로 극심한 고통을 겪었다. 시간이 더 지나면 원하는 죽음을 스스로 실행할 신체 능력을 잃을지도 모른다는 두려움도 있었다. 주치의 수토리위스Sutorius 박사는 환자와 수차례 면담한 끝에, 그의 죽고자 하는 의지가 자발적이고, 충분히 숙고된 것이며, 지속적이라는 결론을 내렸다. 박사는 환자의 고통에 깊이 공감했고, 정신과 전문의와 협의해 정신질환이 없다는 점을 확인한 뒤, 더 이상 치료 대안이 존재하지 않는다고 판단했다. 동료 가정의와 정신과 의사도 환자의 고통이 참을 수 없고 회복 가능성이 없다는 진단에 동의했다. 결국 수토리위스 박사는 브롱허르스마의 자살을 조력했다.

지방법원은 고통의 '참을 수 없음'을 좁게 볼 것인지 넓게 볼 것인지 의료 윤리상 합의가 없다는 점을 지적했다. 이에 재판부는 넓은 정의를 택했고, 모든 적정 주의의무 요건이 충족되었다고 보아 의사의 불가항력 주장을 인정하고 공소를 기각했다.[43]

그러나 검찰은 '삶에 지쳤다'거나 '사는 것이 고통스럽다'는 상태가 의료 영역에 속하는지 의문을 제기했다. 판례와 제정 예정이던 안락사법이 규정한 적정 주의의무 요건은 의료 영역 안에서만 적용된다는 주장이었다. 항소심 재판부는 이 견해에 동조해 주치의를 유죄로 판결했으나 형을 선고하지는 않았다.[44] 수토리위스 박사는 상고했다. 2002년 12월, 대법원은 의사가 고의로 생명을 종결할 수 있는 정당화 근거는 기본적으로 의학적으로 분류 가능한 신체적 또는 정신적 질환·장애로 인한 고통에 한정된다고 판시했다. 브롱허르스마의 경우에는 이러한 정당화가 존재하지 않는다고 보았다. 이로써 대법원은 고통의 원인이 중요하지 않다고 보았던 샤보Chabot 판결의 핵심 논리를 뒤집었다.[45]

대법원은 이 판결에서 안락사법의 입법 과정을 광범위하게 인용했으며, 해당 판결이 법 시행 이후 내려졌기 때문에 이른바 '질환 분류 요건classification requirement'은 안락사법의 고통 기준과 불가분의 관계를 이루게 되었다.

다. 왜 하필 네덜란드였을까?

안락사가 네덜란드에서 비교적 일찍 합법화(또는 부분 비범죄화)되었고 다른 나라에서는 훨씬 늦게 논의가 본격화된 이유는 무엇일까? 미국계 네덜란드인 역사학자 제임스 케네디^{James Kennedy}는 다음과 같이 몇 가지 이유를 제시했다.[46] 첫째, 네덜란드에서는 전 국민이 의무적으로 의료보험에 가입한다. 이런 체계에서는 경제적 동기나 돌봄 부족 때문에 생명을 고의로 종결하는 결정을 내릴 우려가 적다. 그런 이유는 도덕적으로 용납될 수 없기 때문이다. 다만 유사한 보건 시스템을 갖춘 다른 나라에서 안락사 합법화 논의가 진지하게 이뤄지지 않은 사례가 많다.[47]

둘째, 가정의(1차 진료 의사^{general practitioner})의 독특한 위치가 거론된다. 네덜란드에서 안락사 사례의 대부분은 가정의가 담당한다. 이들은 환자와 오랜 기간 얼굴을 맞대 왔고, 같은 지역에 거주하며, 가정 방문을 일상적으로 수행해 정서적 유대가 깊다. 반면 노인병 전문의나 양로원 및 병원 소속 전문의들은 팀 단위로 일하는 환경에 놓여 있어 대안을 포기하기가 더 어렵고, 기관 정책에도 따를 의무가 있어 안락사에 훨씬 더 신중하다.[48]

셋째, 의료계에 부여된 자율 규제의 폭이다. 네덜란드 검찰은 '기소 편의주의' 원칙에 따라, 안락사 사건 상당수를 기소하지 않았다. 기소되더라도 법원은 의료계의 견해를 적극적으로 참고했다. 덕분에 안락사는 언제나 "의료 전문직 내부의 문제"로 남았다. 만약 환자 권리나 시민권 쟁점으로 제기됐다면, 사회적 수용은 훨씬

더디게 이뤄졌을 것이라는 분석이다.[49]

넷째, 문화적 배경, 곧 네덜란드 특유의 실용주의다. 이에 입각한 행정부는 관행을 지하로 숨기지 말고 규제 틀 안에 넣어 통제하려는 경향이 강하다. 안락사 정책 역시 "어차피 존재할 행위라면 투명하게 관리하자"는 현실적 접근을 취한다.[50] 이 실용주의는 합의 지향 정치consensus politics와 맞물려 의회와 정부가 주도적 역할을 자제하고, 자문 기구 설치나 반복적 연구 의뢰로 갈등을 피하는 방식으로 나타난다. 그 사이 의료계 등 다른 사회 주체들이 모자이크 조각을 하나둘 맞춰 놓으면, 정치권이 마지막에 이를 법제화하는 식이다.

이처럼 네덜란드의 안락사 정책은 뚜렷한 원칙보다는 사회적 변화에 대한 실용적인 대응의 산물이다.[51] 법적으로는 금지하지만 예외를 인정하고, 환자의 자기결정권을 어느 정도 수용하면서도 최종 판단은 의사에게 맡긴다. 그 결과 정책은 자유주의적·진보적이라고 불러도, 동시에 보수적·온정주의적이라고 불러도 틀리지 않다. 유연하면서도 경직돼 있고, 해방적이면서도 가부장적이다. 바로 이러한 내적 모순 때문에 정책은 끊임없이 도전과 재검토의 대상이 되기도 한다.

라. 안락사법

안락사법의 도입으로 형법과 '매장 및 화장법'Burial and Cremation Act' 이 개정되었다. 적정 주의의무 요건은 별도의 법률인 안락사법 자체에 포함되었다. 형법 개정은 형법의 본령에 속하는 항목, 즉 요청에 의한 생명 종결과 자살 조력을 금지하는 규정 및 그 면책 사유로만 한정되었다.

매장 및 화장법 개정은 시(市) 검시관에게 신고된, 요청에 의한 생명 종결 및 자살 조력 사례가 지역 안락사 심의위원회로 회부되어 심사를 받도록 보장하려는 목적이었다. 이들 위원회의 임무, 구성, 권한 역시 안락사법에 다시 규정되어 있다.

1. 형법

2002년 4월 1일부터 형법 조문은 다음과 같다. 고딕체 부분은 안락사법에 따라 새로 삽입된 내용이다.

제293조 (요청에 의한 생명 종결)

1. 다른 사람의 명시적이고 진정한 요구에 따라 그 생명을 고의로 종결한 자는 12년 이하의 징역 또는 제5급 벌금에 처한다.
2. 제1항의 행위라 하더라도 『요청에 의한 생명 종결 및 자살 조력 심사법』 제2조에 규정된 적정 주의의무를 준수한 의사가 이를 행하고, 『매장 및 화장법』 제7조 제2항에 따라 시(市) 검시관에게 신고한 경우에는 처벌하지 아니한다.

제 294조 (자살 교사·방조)

1. 다른 사람을 고의로 자살하도록 교사하여 실제로 자살에 이르게 한 자는 3년 이하의 징역 또는 제4급 벌금에 처한다.

2. 다른 사람의 자살을 고의로 방조하거나 그 수단을 제공하여 실제로 자살에 이르게 한 자는 3년 이하의 징역 또는 제4급 벌금에 처한다. 제293조 제2항을 준용한다.

2. 적정 주의의무 요건, 서면 요청, 미성년자

안락사법 제2조 제1항의 적정 주의의무 요건은 다음과 같다.

1. 형법 제293조 제2항에서 말하는 적정 주의의무 요건을 충족하기 위해 의사는 다음의 것들을 행해야만 한다.

    a. 환자의 요청이 자발적이고 충분히 숙고된 것임을 확인해야 한다.

    b. 환자의 고통이 참을 수 없고 호전의 가망이 없음을 확인해야 한다.

    c. 환자에게 본인의 상태와 예후에 대해 설명해야 한다.

    d. 환자와 함께 해당 상황에서 합리적 대안이 없다는 결론에 이르러야 한다.

    e. 환자를 직접 진찰하고 (a)부터 (d)까지의 요건 충족 여부에 대해 서면 의견을 제시할 수 있는 독립적인 다른 의사 최소 한 명과 사전 협의해야 한다.

    f. 환자의 생명 종결 또는 자살 조력을 시행함에 있어 의

학적으로 충분한 주의와 배려를 기울여야 한다.

안락사법 제2조의 2항, 3항, 4항은 사전의향서written advance directive와 미성년자에 관한 다음 규정을 담고 있다.

2. 16세 이상의 환자가 의사표현 능력을 상실하기 전에 자신의 이해관계를 합리적으로 판단할 능력이 있다고 인정됨과 동시에 생명 종결을 요청하는 서면 선언을 해둔 경우, 의사는 그 요청을 따를 수 있다. 제1항의 적정 주의의무 요건을 준용한다.

3. 환자가 16세 이상 18세 미만의 미성년자이고 자신의 이해관계를 합리적으로 판단할 능력이 있다고 인정되는 경우, 의사는 환자가 요청한 생명 종결 또는 자살 조력을, (법정 대리권을 가진) 부모 한 사람 이상이나 후견인과 협의한 뒤에 시행할 수 있다.

4. 환자가 12세 이상 16세 미만의 미성년자이고 자신의 이해관계를 합리적으로 판단할 능력이 있다고 인정되는 경우, 의사는 부모 한 사람 이상(또는 후견인)이 동의할 때에 한해 환자의 생명 종결 또는 조력 자살 요청을 시행할 수 있다. 제2항을 준용한다.

3. 신고 절차

입법자는 신고와 사후 심사를 안락사 제도의 핵심으로 보았다. 이 절차는 한편으로 요청에 따라 의사가 시행하는 생명 종결 행위의 질을 지속적으로 감시·개선하게 하고, 다른 한편으로 안락사 시행을 투명하고 검증 가능하게 만든다.[52]

안락사법 시행 이후 요청에 의한 생명 종결 및 자살 조력의 신고 절차는 다음과 같다. 의사는 『매장 및 화장법』에 따라, 사망진단서를 작성하지 않는 대신 비(非)자연사를 시(市) 검시관에게 신고하면서 사유를 구체적으로 보고한다.[53] 검시관은 매장 및 화장 허가를 위한 '동의서certificate of no objection'를 받기 위해 주민등록국Registrar's Office과 검찰에 사건을 통보한다.[54] 이어 검시관은 환자의 생명이 어떤 방법과 수단으로 종결되었는지 직접 확인한 뒤[55] 의사의 신고서를 관할 지역 안락사 심의위원회로 이관한다.[56]

4. 지역 안락사 심의위원회

네덜란드에는 다섯 곳의 지역 안락사 심의위원회가 있으며, 각 위원회는 변호사(위원장), 의사, 윤리학자 1인씩으로 구성된다. 위원회는 의사가 적정 주의의무 요건을 준수했는지 여부를 심사한다. 의사 신고서를 접수한 뒤 6주 이내에 판단을 내리고, 그 결과를 서면으로 통보한다. 의사가 요건을 충족했다고 판단되면 사건은 즉시 종결된다. 반대로 요건을 충족하지 못했다고 판단될 경우, 위원회는 심사 결과를 최고검사회의Board of Procurators General와 보건감독청Healthcare Inspectorate에 송부한다. 두 기관은 후속 조치 필요 여부와 조치 유형을 각각 결정한다.[57]

위원회는 신고된 안락사 사례를 적정 주의의무 요건에 비추어 심사하면서, 동시에 그 요건을 해석한다. 몇 해 전, 심의위원회는 자체 심사 기준을 가이드라인 형태로 정리했다. 『안락사 지침 2018[Euthanasia Code 2018]』(2020·2022년 개정)은 위원회가 적정 주의의무 요건과 관련해 중요하게 다루는 요소와 고려 사항을 개괄한다. 해당 지침은 위원회 웹사이트에서 열람할 수 있다. 이는 위원회가 공개한 심사 판단 근거의 요약본으로, 의사 및 자문가는 물론, 안락사를 요청하려는 환자와 기타 이해 관계자들에게 유용한 정보를 제공한다.

마. "안락사"

끝으로, '안락사[euthanasia]'라는 용어의 의미와 사용에 대해 몇 가지 언급하고자 한다. 어원적으로 'euthanasia'는 단순히 '좋은 죽음'을 뜻한다.[58] 그러나 실제로 어떤 행위를 가리키는지는 문맥에 따라 다르다. 안락사법의 공식 명칭이 이를 정확히 보여 주는데, 네덜란드에서는 형사 범죄로 간주되는 두 가지 행위, 즉 '요청에 의한 생명 종결'과 '자살 방조'를 가리킨다. 넓은 의미[sensu lato]로는 두 행위 모두를 포함하지만, 좁은 의미[sensu stricto]로는 요청에 의한 생명 종결만을 뜻한다. 이 책에서도 적용된 바와 같이, 그 용어가 어떤 의미로 사용되었는지는 문맥을 통해 분명히 드러나야 한다. 이를테면 '자살 방조[assisting in suicide]'(또는 '조력 자살[assisted suicide]')와 함께 언급되었다면 그 '안락사'는 좁은 의미를 갖는다.

넓은 의미의 안락사는 형법상 범죄이나, (1)행위자가 의사이고, (2) 적정 주의의무 요건을 준수하며, (3)법이 정한 절차에 따라 행위를 신고한 경우에는 처벌되지 않는다. 이러한 이유로, 네덜란드에서는 이를 표준 의료가 아닌 비(非)표준 의료로 본다. 반면, 임종기 의료 결정들은 표준 의료에 속하며 안락사로 보지 않는다. 예를 들어, 환자 또는 대리인의 요청에 따라 생명 연장 치료를 시작하지 않거나 중단하는 행위(이는 환자 또는 그 대리인의 동의 없이 이루어지더라도 마찬가지다), 의학적으로 무의미한 처치를 시행하지 않거나 중단하는 행위, 완화적·말기 진정palliative or terminal sedation(깊은 진정 상태로 유지하면서 영양·수분을 인공적으로 공급하지 않는 방법), 그리고 치명적 부작용이 예견되는 진통제 투여 등이다. 안락사법은 이러한 행위에는 적용되지 않는다.

2. 네덜란드 안락사 시행의 동향

지역 안락사 심의위원회는 매년 연례보고서를 공개하도록 법으로 의무화되어 있다.[58] 또한 위원회들은 익명화된 심의 결정문도 함께 게재해, 적정 주의 의무 요건에 따른 심의 기준을 최대한 투명하게 제공하려 한다. 연례보고서와 결정문은 지역 안락사 심의위원회 연합 공식 웹사이트에 게시된다.[59]

이와 별도로, 정부는 5년마다 안락사법의 작동 상황을 독립적으로 심층 조사하도록 법적 의무를 지닌다. 조사 보고서는 정부의 공식 입장서와 함께 의회에 제출된다. 이러한 연구 결과 역시 안락사 관행을 이해하는 중요한 정보원이다.

가. 몇 가지 수치

최신 연례보고서에 따르면 2022년 지역 안락사 심의위원회가 접수한 안락사 신고 건수는 8,720건으로, 이는 그해 네덜란드 전체 사망자(169,938명)의 5.1%에 해당한다.[60] 2002년 법 시행 직후 첫 회계연도였던 2003년의 신고 건수는 1,815건이었다.[61]

성별 비율은 큰 변동이 없다. 2022년에는 남성 4,412명(50.6 %), 여성 4,308명(49.4%)이었다.[62]

또한 2002년, 전체 안락사 신고 중 요청에 의한 생명 종결 신고가 8,501건(97.4 %), 조력자살 신고가 186건(2.1%), 두 방식을 모두 사용한 복합 사례가 33건(0.38%)이었다.[63] 복합 사례란 환자가 경구 투여 후 합의된 시간 내에 사망하지 않아 의사가 정맥 주입으로 마취제와 근이완제를 추가 투여한 경우를 말한다. 이 비율은 수년간 거의 변하지 않았다.

질환별로 보면 2022년 신고 7,726건(88.6%)이 다음 다섯 범주에 속했다. 불치 암 5,046건(57.8 %), 신경계 질환 615건(7%), 심혈관 질환 359건(4.1%), 폐 질환 277건(3.2%), 복합 요인 1,429건(16.4%).[64] 가장 흔한 질환의 목록을 처음으로 제시한 2004년 연례보고서에서는 불치 암이 96%를 차지했으나[65] 이후 비율이 꾸준히 감소했다.

이 밖에도 2022년에는 말기 치매 환자 6명이 의사소통이 불가능한 상태에서 안락사를 받았다. 이들 사례에서는, 요청이 자발적이고 신중하게 고려된 것이었는지를 판단하는 데 있어 사전의향서가 결정적 역할을 했다. 초기 단계 치매 환자 282명은 여전히 이해 능력이 있다고 판단되어 요청이 수용되었다.[66] 치매 환자에 대한 안락사 보고 건수는 해마다 꾸준히 증가해왔다. 그러나 제3장 가항에서 보게 되겠지만, 말기 치매 환자에 대한 안락사는 어려움이 크기 때문에 실제 시행 사례는 드물다.

2022년 정신질환으로 인한 안락사 신고는 115건으로[67] 2018년(67건) 대비 거의 두 배가 되었다.[68]

시력 저하, 청력 저하, 골다공증, 골관절염 등과 같은 다발성 노인 증후군Multiple geriatric syndromes은 호전 가능성이 없는 상태에서 참을 수 없는 고통을 유발할 수 있다. 이러한 증후군은 대개 퇴행성 질환의 성격을 가지며, 주로 노령층에서 하나 이상의 질환과 관련 증상의 총합으로 구성된다. 2022년 심의위원회는 이 범주에 해당하는 안락사 신고를 379건(4.3%) 접수했다.[69] 이러한 신고는 2019년에는 217건, 2020년에는 235건, 2021년에는 307건으로 최근 몇 년 사이 급격히 증가하고 있다(5장 참조).[70]

마지막으로, 심의위원회는 만성 통증 증후군이나 희귀 유전 질환 등 앞서 언급된 범주에 속하지 않는 질환과 관련된 신고를 '기타 질환'으로 분류하여 등록한다. 2022년에는 이러한 사례가 212건 있었다.[71]

연령별로는 70대가 2,873건(32.9%)으로 가장 많았고, 80대 2,314건(26.5%), 60대 1,669건(19.1%)이 뒤를 이었다. 2022년에는 12~17세

미성년자 1건이 신고되어 심사되었다.[72] 연령 분포는 수년간 큰 변화가 없다.

2022년 보고서에 따르면 장소는 자택 사망이 6,939건(79.6%)으로 이전 연도들과 마찬가지로 대다수를 차지했다. 이 밖에 호스피스 667건(7.7%), 요양원 829건(9.5%), 병원 157건(1.8 %), 기타(가족 집·요양시설 등) 128건(1.5%)이었다.[73] 신고 의사는 가정의(1차 진료 의사)가 7,013건(80.4 %)으로 압도적이었다.[74]

동반(부부) 안락사 신고는 58건(29쌍)으로 2022년 역대 최고치를 기록했다.[75] 개정된 『안락사 지침 2018』에 따르면 두 사람 모두 각각 다른 독립적인 의사의 진료를 받아 독립적인 상담이 이루어졌는지를 확인해야 한다.[76] 동반 안락사 건수가 처음으로 언급된 2018년에는 18쌍, 2019년에는 36쌍, 2020년에는 26쌍, 2021년에는 32쌍이었다.[77]

끝으로, 안락사 심의위원회는 2022년에 보고된 안락사 사례 중 13건(전체의 0.15퍼센트)에서 시행 의료인이 안락사법에 명시된 적정 주의의무 요건에 미달하였다고 판단하였다.[78] 이 비율은 법 시행 이후 매년 비슷하다. 법률에 따라, 이러한 사례는 모두 검찰청과 보건감독청에 이첩되었고 한 건을 제외한 모든 사례에서 검찰은 불기소를 결정을 내렸다. '커피 안락사 사건 Coffee Euthanasia case'으로 더 잘 알려진 그 단 한 건, 아렌츠 사건 Arends case에 대해서는 제3장 가항에서 다룬다.

나. 추가 정보

안락사법은 모든 관련자에게 법적 확실성을 제공하고, 의사가 안락사를 신중하게 시행하도록 하며, 의료인의 책임성과 투명성, 그리고 사회적 통제를 확보할 제도적 틀을 마련한다. 이 법은 5년마다 독립 학자들에게 법의 작동 상황을 평가하도록 규정하고 있다. 제정 이후 총 네 차례 평가 연구가 이뤄졌다. 가장 최근 연구는 2017~2022년 동안의 임종 결정 관행, 법적 요건 해석의 변화, 심의 시스템이 직면한 문제 및 복잡성을 집중 분석했다.[79] 이 연구 결과는 연례보고서의 통계 정보를 보완한다.

우선, 연구에 따르면 2017~2022년의 전반적 양상은 이전 시기와 유사했다. 법적 확실성 측면에서, 네덜란드 의사의 82%가 현행 규정 하에서 안락사(또는 조력 자살)를 시행할 의향이 있다고 응답했으며, 실제로도 대다수 사례에서 적정 주의의무 요건이 충족되었다.[80] 심의위원회에 의해 의사가 요건을 완전히 지키지 않았다고 판단된 경우는 매년 극소수였다. 이들 대부분은 '요청·고통·대안' 같은 실질 요건보다는 독립 자문 과정이나 약물 투여 방식과 같은 절차·의학적 주의 의무에 관한 문제였다. 해당 결정은 검찰과 보건감독청으로 이첩되었고, 단 한 건(커피 안락사 사건)만 형사절차로 이어졌다.[81]

다음으로, 신고율은 투명성과 통제된 안락사와 조력 자살 시행의 핵심 지표다. 2021년에는 추정 사례의 83%가 심의위원회에 보고되었는데, 이는 이전 연구 결과와 비슷한 수준이다.[82] 미신고 사례는 의사가 모든 경우를 안락사로 분류하지 않는 데서 기인했다. 예컨대 모르핀 투여 후 실제로 생명이 단축되었는지 확신하기 어려운 회색지대가 존재한다.[83]

셋째, 신고·심의 절차를 경험한 의사들은 대체로 이를 중립적 또는 긍정적으로 평가했다.[84] 지역 심의위원회 역시 전반적으로 원활히 기능하는 것으로 나타났다.[85]

넷째, 일반 국민도 현행 요청에 의한 생명 종결 규제를 대체로 지지한다. 법에 대한 인식 수준은 전반적으로 높지만, 세부사항에 관해 오해가 일부 존재한다.[86] 예컨대, 법이 환자에게 안락사를 요구할 수 있는 권리를 보장한다고 믿는 경우가 있는데, '커피 안락사' 사건에서 이러한 오해가 드러났다.[87]

끝으로, 신고 건수는 2003년 1,815건에서 2022년 8,720건으로 꾸준히 증가했다. 이전 평가 연구는 증가 원인에 대한 추가 조사를 권고했으나[88] 최신 연구에서는 별다른 설명을 제시하지 않았다. 다만 수명 연장 추세로 인해 생애 말기 이전 단계 환자들의 안락사 수요가 늘고 있다는 가설이 제시되었다.[89]

3.
의사능력이 없는 이를 위한 안락사

네덜란드 안락사법의 근저에는 연민^{compassion}이 놓여 있다. 요청에 의한 생명 종결과 조력 자살이 전 세계적으로 연민의 행위로 받아들여지는 것은 아니지만, 네덜란드 형사법원은 긴급 상황에서의 불가항력을 근거로 이러한 행위를 저지른 의사에게 면책을 인정해 왔다. 법원은 생명 보존 의무와 고통 경감 의무가 충돌할 때를 긴급 상황으로 보아, 후자를 택한 의사에게 일정 요건 충족 시 형사 책임을 묻지 않는다. 여기서 '환자의 자발적이고 숙고된 요청'은 여러 필수 조건 가운데 하나일 뿐이므로, 네덜란드 안락사 체계가 개인적 자기결정권 원리에만 기초했다고 보기는 어렵다. 정책 형성 과정에서 연민이 끼친 영향은 흔히 과소평가된다.

가. 지금은 상실했지만 한때 의사능력이 있었던 경우

브롱허르스마 사건 이후 대법원은 안락사 사건을 다루지 않고 있었다. 그런데 2020년 4월 21일, 이른바 '커피 안락사 사건'[90]에 대한 판결을 선고했다. 2016년 헤이그의 한 요양원에서, 중증 치매를 앓는 74세 여성의 생명을 노인병 전문의가 고의로 종결한 사건이다. 4년에 걸친 법적 공방 끝에, 무려 다섯 개의 사법 심급adjudicating bodies이 차례로 판단을 내렸고, 그때마다 언론의 대서특필과 치열한 공론을 불러일으켰다.

1. 안락사 심의위원회

관할 지역 안락사 심의위원회는 노인병 전문의 아렌츠 박사Dr. Arends가 적정 주의의무 요건을 지키지 않았다고 판단했다.[91] 가장 큰 이유는 환자의 요청이 자발적이고 숙고된 것이라는 사실을 명백히 확인할 수 없었다는 점이었다. 알츠하이머를 앓던 환자는 한 번도 구두로 안락사를 요청한 적이 없었고, 그에 대한 '분명한' 서면 사전의향서도 남기지 않았다.[92]

환자의 병력과 전문의 및 주치의의 구두 진술을 종합해 볼 때, 심의위원회는 환자가 생명이 종결될 때 이미 안락사 여부를 결정할 능력을 상실한 상태였다고 보았다. 그녀는 담당 노인병 전문의와 안락사 문제를 논의한 적이 없었고, 논의할 수도 없었다. 아렌츠는 오로지 서면 사전의향서에 근거해 안락사를 시행했다

고 스스로 진술했다.[93]

당시 심의위원회의 내부 지침(법정 요건의 실무 기준)은, 서면 사전의향서가 해당 상황에 명백히 적용 가능하다는 사실이 드러나야 한다고 규정했다. 의사는 환자의 병력과 구체적 상황 전반을 검토하고, 병이 진행되는 동안과 안락사 직전에 드러난 환자의 언행을 해석해야 한다. 그 시점에 안락사가 사전의향서와 부합하며, 환자가 이를 거부한다는 명백한 표지가 없어야 하고, 환자가 자신의 고통을 참을 수 없다고 느끼는지도 분명해야 한다.[94]

이 사건에서 환자는 알츠하이머 진단 직후인 사망 4년 전, 치매 조항이 포함된 사전의향서를 작성했다. 그녀는 치매 요양원에 가는 것을 원치 않았고, 아직 존엄을 유지할 수 있을 때 가족과 작별하고 싶다는 뜻을 담았다.[95] 당초 치매 조항은 "내가 아직 어**느 정도 의사능력이 있고 남편과 함께 집에서 지낼 수 없게 될 때**, 자발적 안락사를 받을 법적 권리를 행사하고자 한다"로 시작했다 (강조 추가).[96]

그러나 사망 1년 전 그녀는 이를 수정해 "내가 **시기(時期)가 적절하다고 판단할 때** 안락사를 받을 법적 권리를 행사하고자 한다"로 바꾸었다.[97] 끝 문장도 "삶의 질이 위와 같이 나빠지면 자발적 안락사를 받고자 한다"[98]에서 "삶의 질이 매우 나빠져 **내 요청에 따라 안락사가 시행되기를 기대한다.**"[99]로 변했다(강조 추가).

사망 전 해에 환자는 주치의에게 "요양원에 가야 한다면 안락사를 원한다"고 밝혔으나, "지금 당장은 아니다"라는 말을 덧붙였다. 주치의에 따르면, 그녀가 의사능력이 있을 때 안락사를 해 달라고 요청한 적은 없었다. 심의위원회는 그해 안락사 결정을 내릴 능력을 상실했을 가능성이 크다고 보았다. 결국 요양원에 입소하자 남편은 서면 사전의향서를 근거로 안락사를 요청했다.[100]

그러나 서면에는 상충하는 두 가지 치매 조항이 있어, 환자가 구두 요청을 서면으로 대체하길 원했는지 여부가 불분명했다. 생명 종결의 불가역성을 고려할 때, 의사는 신중을 기했어야 했다고 심의위원회는 판단했다. 따라서 이 경우에는 법이 정한 서면 사전의향서 조항을 적용할 수 없으며, 구두 요청도 없었으므로 첫 번째 적정 주의의무 요건(자발·숙고된 요청)을 충족하지 못했다고 보았다.[101]

또한 의학적 주의의무 측면에서도 문제가 있었다. 의사는 안락사 직전, 환자의 커피에 진정제 도르미쿰Dormicum(미다졸람midazolam 성분)을 투여했는데, 환자의 남편 및 딸과 상의했다고는 해도 환자 몰래 진행해 환자가 그것을 거부할 기회를 박탈한 것이다. 정맥 주사를 놓을 때 환자는 몸을 피했고, 치오펜탈thiopental 투여 중 깨어나 일어나려 했다.[102] 가족이 환자를 붙잡는 사이 의사는 나머지 용량을 급히 주입했다. 심의위원회는 환자가 주사를 거부하는 신호로 볼 수 있었음에도 의사가 이를 무시했다고 지적했다. 의사는 즉시 절차를 중단하고 상황을 평가했어야 하며, 환자를 억지로 제압하면서 계속해선 안 됐다고 판

단한 심의위원회는 강요 또는 강요로 보일 만한 상황은 어떤 경우에도 피해야 한다고 강조했다.[103]

2. 징계위원회 및 지방법원

심의위원회의 판단은 검찰청과 보건감독청으로 이첩되었고, 양 기관은 모두 조치를 취하기로 했다. 먼저 보건감독청이 제기한 징계 청구가 인용되어 지역 보건징계위원회The Regional Disciplinary Board for Healthcare가 노인병 전문의 아렌츠에게 견책을 내렸다.[104] 의사가 항소하자 중앙 보건징계위원회The Central Disciplinary Board for Healthcare는 제재 수위를 경고로 낮추었다. 이 위원회는 의사의 행위가 비난받을 만하다고 보았지만, 그 정도가 "제한적"이라고 판단했다. 환자 사망 전 의사가 실시한 면밀한 진찰과 다른 의료인의 충분한 개입이 고려되었고, 여러 전문 간병사들로부터 자문을 구했다는 점도 참작됐다. 또한 중앙 위원회는 지역 위원회와 달리 도르미쿰을 커피에 타서 투여한 방식을 일정 부분 이해할 만하다고 보았다.[105]

중앙 위원회 결정 이후 형사 재판의 1심 법원인 지방법원이 판결을 내렸다. 검찰은 주된 공소사실을 요청에 의한 생명 종결(형법 293조 1항)로, 예비적 공소사실을 살인죄로 삼았으나, 법원에 형벌을 부과하지 말아 달라는 의견도 제출했다.[106] 지방법원은 형법 293조 1항이 요구하는 '명시적, 진정한 의사 표명' 요건이 충족되었다고 보았다. 의회 심의록을 볼 때, 입법자는 사전의향서에 근거한 생명 종결을 안락사법의 적용 범위에 명확히 포함시

켰으며, 이 사건에는 실제 사전의향서가 존재했다. 치매 조항이 완전히 명료하지 않을 수도 있지만, '환자가 스스로 정확한 시점을 선택할 수 있을 때만 안락사를 원한다'고 해석한다면 사전의향서 자체가 무의미해진다고 법원은 판단했다.[107]

검찰은 의회 논의 과정에서 첫 번째 적정 주의의무 요건이 '의사능력이 없는 상태라도 본인의 생사에 관한 구체적, 일관된 의사표시가 가능한 한, 서면 사전의향서를 검증해야 한다'는 의무를 포함한다고 해석했다며, 의사가 이를 이행하지 않았다고 주장했다.[108] 그러나 지방법원은 의사능력이 없는 환자에게서 구두 확인을 얻는 것은 불가능하며, 그런 의무를 두면 사전의향서 제도를 없애는 결과가 된다고 판시했다. 의학 지침들이 환자의 현행 의사를 확인하도록 요구하더라도 이는 법정 요건보다 엄격한 내부 규범일 뿐, 법적인 의무는 아니라고 보았다.[109]

피고인인 의사와 검찰은 곧바로 사건을 대법원으로 가져가기로 합의했다. 동시에 검찰총장실Procurator General은 중앙 보건징계위원회 결정에 대해 상고이유서를 제출했다. 징계 사건에서 검찰총장실이 상고한 것은 전례가 없는 일이었다.

3. 대법원 판결과 『안락사 지침 2018』 개정

2020년 4월 21일, 대법원은 두 건의 판결을 선고했다.[110] 형사사건에서는 1심 지방법원 판결을 그대로 유지해 의사에게 무죄를 확정했다.

대법원에 따르면, 안락사법은 모호한 부분 없이 명확하다고 판단된다. 즉, 환자가 작성한 서면 요청(사전의향서)이 존재하고, 환자가 고도의 치매 등으로 의사표현 능력을 상실한 상태라면, 의사는 그 사전의향서를 근거로 안락사를 시행할 수 있다. 법은 무능력 상태의 원인(치매·뇌손상 등)을 구분하지 않는다. 그러나 의회 심의록에는 치매를 가능한 원인으로 명시했다. 그러므로 의사는 서면 요청을 해석해 환자의 진정한 의도를 파악해야 하며, 문자 그대로만 읽어서는 안 된다. 문서에는 최소한 "진행성 치매로 더는 의사표현이 불가할 때 생명 종결을 원한다"는 내용이 포함돼야 한다. 환자가 신체적 고통이 없더라도 '치매 상태 그 자체'를 참을 수 없는 고통으로 본다는 점이 명확해야 한다. 의사는 현재 환자의 상태를 면밀히 평가해 문서에 기술된 조건과 비교하고, 이후 나타난 모순 신호(환자가 남긴 상반된 구두 표현 등)가 있는지 특별히 살펴야 한다. 환자가 이미 결정능력을 잃은 뒤에 한 발언은, 과거 서면 요청을 철회·수정하려는 명시적 의사로 자동 간주되지 않는다.[111]

대법원은 동시에 징계사건에서 중앙 보건징계위원회의 결정을 파기했다. "서면 요청에는 해석 여지가 없다"는 중앙 위원회의 시각이 잘못되었다는 이유였다.[112]

이 두 판결로 인해 지역 안락사 심의위원회 연합은 적정 주의의무 요건에 대한 그들의 해석을 담고 있는 『안락사 지침 2018』을 개정할 필요성을 느꼈다. 이에 따라, 해당 지침은 안락사 요청을 고려하는 의사들에게 가이드라인을 제공하는 역할도 하게 되었다. 주요 변경 사항은 다음과 같다.[113]

1. 서면 사전의향서는 환자의 의도를 파악하기 위해 해석해야 한다. 의사는 사건의 모든 사정을 고려해야 하며, 문구만으로 판단해서는 안 된다. 즉, 해석의 여지가 존재한다.

2. 진행성 치매 환자의 '희망 없음·참을 수 없음' 여부는 의사의 전문가적 판단에 속한다. 심의위원회는 해당 판단을 평가할 때 자제적 태도를 취하고, 의사가 "참을 수 없는 고통"이라고 합리적으로 결론 내렸는지를 묻는 수준에 머문다.

3. 진행성 치매로 의사능력을 상실한 환자에게 안락사를 시행할 때 의료인은 시기·방법을 두고 환자와 협의할 필요가 없다. 그런 대화는 사실상 불가능하기 때문이다.

4. 의사능력을 상실한 환자에게 안락사를 시행하며 흥분·저항이 예상되면, 의료 표준에 따라 사전 진정제premedication를 투여할 수 있다.[113]

4. 잃어버린 기회

대법원은 이 판결에서 안락사법의 입법 취지만을 근거로 삼았다. 기본권에 대한 언급이 전혀 없다는 점은 이례적이다. 대법원이 왜 이처럼 적용 가능한 법률을 제한하기로 결정했는지는 추측할 수밖에 없다. 물론, 네덜란드 헌법은 국내 법률을 기본권에 비추어 사법적으로 심사하는 것을 금지하고 있기 때문에, 이러한 판단이 헌법적 문제는 되지 않는다. 그러나 네덜란드가 가입한 『인권 및 기본적 자유 보호를 위한 협약』(유럽인권협약

European Convention on Human Rights; ECHR)과 같은 자기집행력self-executing 조약 규정은 법원이 적용 여부를 판단할 수 있다. 네덜란드 헌법은 국내 법률이 이러한 자기집행력을 갖는 조약 규정과 충돌하면 법원이 그 법률의 적용을 배제해야 한다고 명시하고 있다.[114]

안락사법은 일반적으로 유럽인권협약과 양립한다고 여겨진다.[115] 스트라스부르 유럽인권재판소European Court of Human Rights; ECtHR가 조력 자살 사건에서 국가의 넓은 재량margin of appreciation을 인정해 왔기 때문이다. 그러나 '커피 안락사' 사건은 쉬운 사안이 아니었다. 유럽인권재판소는 여러 판결에서 '죽음에 대한 결정'이 유럽인권협약 제8조(사생활의 존중) 범위에 들어간다고 판시했다. 스위스의 하스 사건Haas v. Switzerland(2011)*에서는 "의사능력이 있는 개인이 언제, 어떤 방식으로 생을 마칠지 결정할 권리는 제8조가 보호하는 사생활의 한 측면"이라고 밝혔다.[116]

하지만 이 권리의 행사에 대한 간섭은 허용될 수 있다. 유럽인권재판소의 판단은 다음과 같이 이어진다.

> 따라서 제8조 위반 여부를 검토하는 맥락에서, 공권력은 스스로의 생명을 위태롭게 하는 행위로부터 취약한 사람들을 보호할 의무가 있음을 규정한 협약 제2조를 참조하는 것이 적절하다. (…) 재판소는, 이 조항에 따라 자신의 생명을 스스로 끊으려는 어떤 개인의 결정이 관련된 모든 사항에 대한 충분한 이해를 바탕으로 자유롭게 내려진 것이 아닌 경

---

* 스위스 하스 사건은 스위스의 자살 조력 규제와 개인의 자율권(특히 존엄하게 죽을 권리) 사이의 충돌을 다룬 중요한 사건이다. 심각한 정신질환(양극성 장애)을 앓고 있던 스위스인 에른스트 하스(Ernst Haas)는 존엄한 방식으로 자살하기 위해 의사의 협조 없이도 약물에 접근할 수 있게 해달라고 요청했고 이에 대해 정부는 공중보건과 오남용 위험 등을 이유로 이를 거부하며 법적 분쟁이 발생했다.

우, 당사국의 국가 기관은 그 행위를 막아야 할 의무를 지닌다고 본다.[117]

유럽인권재판소는 유럽인권협약 가입국들이 자발적 생명 종결에 대해 상이한 시각을 갖고 있음을 인정한다. 따라서 국가가 반드시 안락사나 조력 자살을 허용해야 하는 의무가 제8조에서 직접 도출되지는 않는다. 그러나 일단 허용하기로 했다면, 제2조에 의해 보호되는 생명권에 따라, 그 의미를 충분히 이해하지 못하거나 자유롭게 결정할 수 없는 사람들이 스스로 생명을 끊는 일을 막기 위한 조치를 취할 의무가 있다. 이러한 조치는 모든 개인이 자신의 삶을 언제, 어떤 방식으로 끝낼지를 결정할 권리의 행사에 제한을 가할 수도 있다.

네덜란드 대법원은 서면 안락사 요청 규정을 유럽인권협약 제2조 및 제8조와 대조할 기회를 놓쳤다. 따라서 해당 규정이 유럽인권재판소가 인정한 재량 범위 안에 드는지 우리는 알 수 없다. 한때 의사능력을 지녔으나 지금은 상실한 사람을 생명권으로 보호할지, 사생활권으로 보호할지 역시 불투명하다. 대법원은 헌법이 요구하는 최소한의 조약 합치성 심사를 수행하지 않았다. '커피 안락사' 사건에 대한 판결이 권위를 갖는 것은 단지 최고법원의 결정이기 때문이지, 논증의 설득력 때문은 아니다.

명백하게도, 안락사법 제2조 제2항은 환자의 서면 요청만큼이나 해석이 필요한 상황이었다.[118] 조문을 문자 그대로 읽으면, 적정 주의의무 요건은 환자가 안락사 시점에 완전히 의사능력을 갖추고 있어야 함을 전제로 한다. 그러나 환자가 더 이상 의사를 표현할 수 없게 되면(또는 그렇게 보이면) 과거 '합리적 판단 능력'이 있었을 때 작성한 서면 요청이 지침이 된다. 대법원에 따르면 치매 환자의 경우 자신의 의사를 표현하거나 결정할 수 있는 능력을 상실할 수 있으며, 일단 잃으면(의사가 그 시점을 판단), 영원히 상실된 것으로 간주된다. 실제 치매 진행과 부합하든 아니든, 여기에는 '과거 자아'와 '현재 자아' 사이의 단절이 가정된다. 말기 치매 환자에게 "현재 자아"라는 것이 존재하는지조차 불분명할 수 있다.

과거 자아가 남긴 안락사 요청은 어느 정도 제3자 요청과 유사하다. 네덜란드에서는 제3자가 요청하는 안락사도 일정 요건 아래 허용된다.

나. 심각한 고통을 겪는 신생아

네덜란드 안락사법에 따르면 만 12세 이상이면서 의사결정 능력이 있는 환자만이 안락사를 요청할 수 있다. 만약 타인의 요청 없이 고의적으로 생명을 빼앗으면 형법 제289조에 따라 살인죄가 된다. 이 조항을 보완하는 형법 제82a조는 "타인"에 출생 직후 또는 출생 시점의 아동도 포함된다고 규정한다. 따라서 중증 고통을 겪는 만 12세 미만의 미성년자의 생명을 의사가 고의로 종결할 경우, 긴급 상황에서의 불가항력을 성공적으로 적용하지 못하면 살인죄로 처벌될 위험이 있다.

1. 흐로닝언 지침*

2007년 3월 15일, 네덜란드는 심각한 고통을 겪는 생후 1년 미만 영아의 생명을 의도적으로 종결하는 행위에 관한 규정을 도입했다. 이 규정은 2016년 2월 1일 개정되어 장관령으로 확정되었으며, 기본 구조는 성인 안락사와 유사하다. 즉, 형법 체계 안에 자리잡고 있고, 적정 주의의무 요건을 충족해야 하며, 신고·심의 절차가 마련돼 있다.

이러한 규정은 1990년대에 있었던 일련의 논의와 판결에서 기원한다. 1992년 네덜란드 소아과 학회는 신생아 치료 제한에 관한 보고서를 발표해 큰 논쟁을 불러일으켰다.[119] 1990년대 중반에는 의사가 불가항력을 근거로 무죄를 주장할 수 있는지가 실제 사건에서 쟁점이 되었다. 대표적 사례가 프린스 사건Prins case(1995)과 카다이크 사건Kadijk case(1996)이다.[120]

1993년 3월, 프린스 박사는 부모 요청에 따라 극심한 고통 속에 있던 중증 장애 신생아에게 치사량의 주사를 투여했다. 항소심은 의사가 적정 주의의무 요건을 지켰다며 형사 면책을 인정했다. 그리고 1994년 4월, 카다이크 박사는 삶의 가능성이 거의 없고 극심한 고통을 겪던 3주 된 여자아이의 생명을 종결했다. 부모는 첫째 아이를 돌보며 아이가 집에서 평화롭게 임종하길 원했다. 네덜란드에서는 일반적으로 생존 가능성이 없는 미숙아는 치료를 시작하지 않지만, 이 사례에서는 일단 치료가 시작됐고 2일째 호흡 정지가 발생해 심폐소생술까지 시행되었다. 하지

---

* 흐로닝언 지침(Groningen Protocol)은 2005년 네덜란드의 흐로닝언 대학병원(UMCG) 소속 의사들과 검찰, 윤리학자들이 공동으로 마련한 신생아 안락사 기준 지침이다. 심각한 고통 속에 있는 회복 불가능한 질환을 가진 신생아에게 안락사를 시행할 수 있는 조건을 명확히 정리하고 있다.

만 그 아기는 스스로 먹을 수 없었고 위관 영양tube fed이 필요했기 때문에, 가정의였던 카다이크 박사가 개입할 수밖에 없는 긴급한 상황이 되었다. 항소심은 이 의사 역시 면책했다.

두 의사 모두에 대한 혐의가 기각되었음에도 불구하고, 의사들은 책임감 있게 행동했다는 확신에도 불구하고 살인 혐의로 기소될 수 있다는 부담을 느꼈다. 이에 1996년, 정부는 신생아 생명 종결 자문위원회를 설치해 다음과 같은 과제를 부여했다. "중증 질환 신생아에 대한 의료적 개입(생명 종결 포함)에 관해 적정 주의의무 요건을 마련하고, 그 개입이 고의적 생명 종결로 이어진 사례의 신고·심의 절차를 권고할 것."[121]

보고서는 신생아 임종 결정에서 의도적 생명 종결과 치료 중단을 구분해야 한다고 보았다. 후자는 표준 의료로, 특별 심사가 필요 없지만 전자는 특정 기준과 별도 심사가 필요하다고 했다. 보고서는 프린스·카다이크 판결의 조건을 따라, 중증 질환을 앓는 신생아에 대한 의도적인 생명 종결에 해당하는 사례에 적용되어야 할 적정 주의의무 요건을 상세화했고, 국가 차원의 다학제적multidisciplinary 심의위원회가 사후 심사를 수행하는 방안을 제시했다. 또한 국제법의 관련 규정을 고려할 때, 기존 형법 체계를 대체로 유지해야 한다는 입장을 함께 표명했다.[122]

정부가 위원회 설립을 결정하기에 앞서, 네덜란드 소아과 학회는 2005년 봄, 중증 질환을 앓는 신생아에 대한 적극적인 생명 종결에 관한 프로토콜을 국가 지침으로 수용하였다. 이 프로토콜은 흐로닝언 대학교병원Groningen Academic Hospital에서 작성된 것으로, 흔히 '흐로닝언 지침Groningen Protocol'으로 알려져 있으며,

중증 신생아의 생명을 종결할 때 어떻게 주의의무를 다해야 하는지를 구체적으로 제시하고 있다.[123] 이 프로토콜은 국제적 비판을 불러일으켰지만, 이는 프린스 및 카다이크 판결과 자문위원회의 권고와 일관된 내용이었다. 같은 해 정부는 전국 전문가 심의위원회를 설치해 신고된 사례를 사후 심사하도록 결정했다. 의사는 시(市) 검시관을 통해 정보를 제출하고, 위원회는 이를 검토해 전문가 의견으로 검찰의 기소 여부 판단을 돕는다. 위원회는 후기 임신 중절late-term abortion 사례도 함께 심사하는데, 이것 역시 네덜란드 법상 형사범죄에 해당한다. 이 규정은 2007년 2월 발효됐다.[125]

2. 살인죄, 적정 주의의무, 신고·심의 절차

현행 『후기 임신중절 및 신생아 생명 종결 심의위원회 설치령Order establishing the Review Committee on Late-Term Abortions and Termination of Life in Newborns』(이하 '설치령')과 검찰지침에 따르면, 의사는 긴급 상황에서의 불가항력을 성공적으로 주장하면 살인죄 처벌을 면할 수 있다.[126]

의사가 신생아의 생명을 종결한 경우, 그는 시(市) 검시관에게 비(非)자연사를 신고하고 사실관계를 소명해야 한다. 검시관은 동의서(매장·화장 허가)를 받기 위해 검찰에 통보하고, 의사 보고서를 후기 임신중절 및 신생아 생명 종결 심의위원회에 넘긴다.[127]

이 위원회는 6인으로 구성된다. 산부인과·신생아학과·소아신경과 등 관련 분야 의사 4명, 윤리학자 1명, 변호사 1명이다. 그리고 이 중 한 명이 의장을 맡는다.[128] 위원회는 적정 주의의무 요건 충족 여부를 검토해 6주 이내에 의사와 검찰에 결과를 통보한다. 적정 주의의무 이행이 인정되면 원칙적으로 기소하지 않으며, 요건을 위반했다고 판단 시에는 보건감독청에도 통보된다.[129]

설치령 제7조는 신생아 생명 종결이 적정 주의의무 하에 이루어졌다고 보기 위한 요건을 다음과 같이 규정한다.

1. 해당 의사는 신생아가 회복 가능성이 없고 참을 수 없는 고통을 겪고 있다고 확신해야 한다. 예컨대, 의료적 개입이 무의미하다는 의료계의 일반적 판단에 따라 치료 중단이 정당화되며, 진단 및 그에 따른 예후에 대해 의학적으로 합리적 의심의 여지가 없어야 함을 의미한다.

2. 해당 의사는 진단·예후를 부모에게 완전히 설명하고, 다른 합리적 해결책이 없다는 점에 부모와 합의해야 한다.

3. 부모가 생명 종결에 동의해야 한다.

4. 해당 의사는 최소 한 명 이상의 독립적인 다른 의사에게 자문을 구하고, 적정 주의의무 요건에 대한 서면 의견을 받아야 한다. 독립 의사 자문이 불가능할 때는 의료 팀의 서면 의견으로 갈음할 수 있다.

5. 생명 종결은 의학적 표준에 따라 시행되어야 한다.

위원회는 심사 결과를 홈페이지에 공개한다.[130] 2007년 설치령(전신 포함) 시행 이후 현재까지 신고는 단 두 건이며, 두 사례 모두 적정 주의의무 요건이 인정됐다.[131]

설치령의 요건은 안락사법과 크게 다르다. 우선, 안락사법에서는 환자가 의도적인 생명 종료를 스스로 요청할 수 있어야 하지만, 설치령이 적용되는 환자(신생아 등)는 의사능력이 없기 때문에 요청 자체가 불가능하다. 안락사법에서는 환자의 요청과 의료인의 동의가 전제되지만, 설치령에서는 부모의 동의가 요건이다. 부모의 동의가 필수 요건이라는 점은, 의사가 생명 종료를 요청할 수 있을 뿐 아니라, 부모도 직접 요청할 수 있음을 의미한다. 2022년 6월 보건장관은 설치령 개정을 예고하며, 1~12세 중증 아동 44명의 임종 결정 연구 결과를 의회에 제출했다.[132] 세 명의 연구자, 브라우어[Brouwer], 매켈베르헤[Maeckelberghe], 페어하헌[Verhagen]은 그중 10건의 사례를 상세히 제시하였으며[133] 모든 사례에서 부모가 요청 당사자였다.[134] 이는 아이가 자신의 고통을 표현할 수 없는 상황에서, 고통의 '참을 수 없음[unbearableness]'이라는 주관적 측면은 부모가 의사에게 전하게 된다는 것을 의미한다(이는 고통의 회복 불가능성[hopelessness]이라는 객관적 요소와는 구별된다). 물론, 여기에는 다음과 같은 의문이 뒤따른다. 심각한 질환을 앓는 아동의 고통은 과연 그 부모의 고통과 구별 가능한가?[135]

두 번째 쟁점은 검찰청에 반드시 통보해야 한다는 규정이 있음에도 불구하고, 신고 건수가 극히 적다는 점이다.[136] 2022년 평가 연구에 따르면, 이는 위원회에 대한 신뢰 부족과 형사 기소 우려 때문으로 보인다. 심의위원회가 모든 요건이 충족되었다고 판단한 경우에도, 검찰은 별도로 독자적인 판단을 내린다. 따라서 실제 상황에서는, 의사들이 생명을 적극적으로 종료하기보다

는 치료 중단을 선택하는 경우가 더 많다.[137]

끝으로, 신고가 거의 이루어지지 않아 심의위원회가 해당 설치령의 적정 주의의무 요건을 해석할 기회가 거의 없었음에도 불구하고, 심의위원회는 보다 구체적인 설명이 필요하다고 판단하였다. 특히 주목할 만한 것은, 심의위원회가 연례보고서에서 정의한 '신생아의 생명 종료$^{termination\ of\ life\ in\ newborns}$'라는 개념이다. 그 정의는 다음과 같다. "신생아가 참을 수 없는 고통을 겪고 있고 호전 가능성이 없는 경우(현재의 고통), 또는 장차 참을 수 없는 고통을 겪게 될 것이고 호전 가능도 없을 것으로 예상되는 경우(미래의 고통)에, 그 생명을 의도적으로 단축하는 행위. 아동의 건강 상태는 독립적인 삶의 모든 전망을 배제한다."[138] 그런데 이 정의는 설치령 본문이나 관련 부처 장관들이 제출한 해설서에는 없는 내용으로, 새로운 해석 문제를 낳고 있다.

다. 간극 메우기

현재의 『후기 임신중절 및 신생아 생명 종결 심의위원회 설치령』은, 심각한 고통을 겪는 신생아의 생명 종결을 연민의 의료 행위로 보길 원하는 네덜란드 소아과·신생아과 전문의들의 요구를 반영한 규정이다. 그러나 이 설치령은 만 1세 미만에게만 적용되고, 안락사법은 만 12세 이상부터 적용되므로, 그 사이 연령(1~12세)을 다루는 구체 규정은 없다. 사실상 형법 제40조(불가항력)와 제289

조(살인)만이 적용될 뿐이다. 네덜란드 소아과 의사들은 1~12세 아동에 대한 별도 규칙을 꾸준히 요청해 왔고, 최근 의회에서 새로운 규정이 예고되면서 그 노력이 결실을 맺었다.

2019년에는 4년에 걸친 소아 완화의료 및 생명 종료 결정에 관한 연구 결과가 발표되었다.[139] 연구진은 네덜란드에서 1~12세 아동에 대한 능동적 생명 종결 사례는 확인되지 않는다고 보고했다. 다만 신생아과·소아과 의사들은 완화 진정palliative sedation과 적극적인 생명 종결 사이에 '회색 지대'가 존재하며, 두 행위의 경계가 명확하지 않다고 인식하고 있었다. 또한 이들 의사는 참을 수 없고 회복 가능성 없는 고통을 겪는 아동 사례들을 알고 있었지만, 그 고통을 충분히 완화하지 못한 경우도 있었다고 밝혔다. 이에 따라 일부 의사들은, 다른 합리적인 해결책이 존재하지 않는 상황에서의 참을 수 없고 회복 불가능한 고통에 대한 생명 종결에 대해 명확한 규정의 필요성을 느끼고 있었다.[140] 이에 보건부 장관과 법무부 장관은 의회에 1세에서 12세 사이 아동에 대한 생명 종결을 위한 구체적인 규정을 마련하겠다고 약속하였으며, 이후 2022년 6월, 해당 규정의 초안이 의회에 제출되었다.[141]

이 초안은 두 가지 변경을 제안한다. 첫째, 설치령의 명칭에 "및 어린이and Children"를 추가해 1~12세 아동을 포함한다. 둘째, 제7a조를 신설해 다음과 같이 적정 주의의무 요건을 규정한다.

> 의사가 아동의 생명을 종결한 경우 다음 조건을 모두 충족하면 적정 주의의무를 다한 것으로 본다.

a. 해당 의사는 현행 의학적 통찰에 비추어 아동의 고통이 회복 불가능하고 참을 수 없음을 확신하였다.

b. 해당 의사는 그 고통을 제거할 수 있는 합리적인 가능성이 없다고 확신하였다. 이는 완화의료가 고통을 줄이기에 불충분했거나 불충분할 것으로 판단되었음을 포함한다.

c. 해당 의사는 진단 및 예후를 부모에게 완전하게 설명하고, 부모와 함께 생명 종결이 고통을 줄일 유일한 합리적 선택이라는 데 의견을 함께하였다.

d. 아동이 의사소통이 가능한 경우, 의사는 아동의 이해 수준에 맞게 진단과 예후, 그리고 생명 종료가 고통을 완화하기 위한 유일하게 합리적인 선택임을 아동에게 설명했으며, 해당 행위가 아동의 의사에 반하여 이루어진다는 합리적 의심이 없었다.

e. 부모가 생명 종결에 동의하였다.

f. 해당 의사는 상황에 적절한 전문성을 갖춘 독립된 제3의 의사 1인 이상과 협의하고, 해당 의사가 서면(또는 부득이한 경우 구두 후 서면 기록)으로 의견을 제시하였다.

g. 생명 종결은 의학적 표준에 따라 시행되었다.[142]

라. 예비적 고찰

네덜란드 안락사 정책에서는 네 가지 구성 요소로 이루어진 규제 개념이 유추적으로 적용되는 모습이 보인다. 안락사에 관한 규정들은 (1)형법 체계 안에 자리잡고, (2)이른바 적정 주의의무 요건 충족을 요구하며, (3)신고 절차와 (4)전문가 심사 절차를 갖춘다는 점에서 동일한 구조를 지닌다. 다만 적용 대상이 달라질 때마다 내용은 변주된다. 구조는 유지되지만, 각 요소는 환자군에 맞춰 조정되는 식이다.

앞 절들에서 이 규제 개념이 세 차례 유추 적용된 사례를 살펴보았다. 애초 안락사법은 만 12세 이상으로, 안락사 시점에 의사능력이 있는 환자가 의료인에게 안락사를 요청하는 상황을 염두에 두고 제정되었다. 그러나 같은 법은 사전의향서를 작성한 만 16세 이상의 의사능력 상실 환자('한때 의사능력이 있었던 의사능력 부재자the incompetent once competent')에게도 적용된다. 입법자는 "이 경우에도 적정 주의의무 요건을 준용한다"[143]라고만 규정해 해석을 심의위원회에 맡겼는데, 첫 번째 요건(자발적, 숙고된 요청)에 대한 위원회의 해석은 징계위원회들에게 채택되었다가 결국 대법원의 새로운 해석으로 교체되는 우여곡절을 겪었다.

두 번째 유추 적용은 생후 1년 미만 신생아에게 해당한다. 이때는 적정 주의의무 요건이 일부 수정되었을 뿐 아니라, 형사 범죄 구성도 '요청에 의한 생명 종결'이나 '자살 방조'가 아닌 살인죄로 전환되었다. 신고 절차는 동일하지만, 심사는 별도 전문가 위원회가 담당하여 항상 검찰에 통보하도록 규정되었다. 세 번째 적용 사례인 1~12세 중증 고통 아동을 대상으로 하는 최근 개정안에서는 두 번째 사례의 구조를 유지하되, 적정 주의의무 요건만 다시 한 번 수정했다.

결국 이러한 유추 적용은 무엇보다 의사능력이 없는 환자에 대해 안락사를 고민하는 의사들의 필요에 맞춰 설계된 것이라 할 수 있다.

1. 명확성과 안정성의 필요

2012년부터 안락사 심의위원회는 치매와 관련된 생명 종결 사례를 별도 항목으로 분류하기 시작했다. 그해 해당 범주 신고 건수는 42건으로, 전체 신고의 1퍼센트였다.[144] 2022년에는 288건(3.3퍼센트)으로 증가했다.[145] 2012년 이후 절대 수치와 비율 모두 꾸준히 늘어, 2012년부터 2022년까지 이 범주에서 총 1,612건이 신고되었고, 그 가운데 28건은 서면 사전의향서에 근거해 시행되었다.

2019년경에는 심의위원회 웹사이트에 게시된 치매 범주 심사 결정문이 98건에 달했고, 신고 사례 중 4건이 적정 주의의무 요건과 충돌한다고 판단되었다는 점은 '명확한 지침'에 대한 현장의 요구를 잘 보여 주었다.[146] 대법원은 이른바 '커피 안락사' 사건에서 양 징계위원회와 형사법원의 판단이 엇갈렸던 점이, 의사들에게 명확한 기준을 제공하지 못한 원인으로 판단한 것이 분명해 보인다.

그럼에도 불구하고 대법원 판결은 최소한 일정 수준의 법적 확실성을 제공해, 서면 안락사 요청을 이행할지 여부를 고민하는 의사들에게 어느 정도의 안도감을 제공했을 것이다. 의사들은 서면 사전의향서 해석 권한이 자신들에게 있음을 확인받았다. 즉, 환자의 의도를 파악할 때 문자 그대로의 표현literal wording뿐 아니라 사건의 모든 구체적 정황을 고려해야 한다는 점이 명확해졌다.

또한 대법원은 안락사 시행 의료인이 적정 주의의무 요건을 충족했는지 여부를 판단할 때, 의료 전문가의 통찰과 지침을 기준으로 삼아야 한다고 판시하여, 형사 법원이 이 사안을 다룰 때 보다 신중을 기하도록 했다. 동시에 검찰에도 가벼운 기소를 자제하라는 메시지가 분명히 전달되었다.

2. 안락사법 해석하기

그러나 비판적 검토가 필요하다. '커피 안락사' 사건은 전적으로 해석 문제다. 즉, 사전의향서의 해석과 안락사법상 서면 의향서 조항에 대한 해석에 근거하고 있다. 해당 조항 첫 문장에는 두 가지 능력이 언급된다. 하나는 의사표현 능력, 다른 하나는 자신의 이해관계를 합리적으로 판단할 능력이다. 의사가 서면 사전의향서 이행 여부를 검토할 때는 첫 번째 능력, 즉 의사표현 능력의 부재가 요구된다. 반면, 사전의향서를 작성할 때는 두 번째 능력이 존재해야 한다. 이 문장 속 두 요소를 조화롭게 해석하는 일은 의사의 몫이다. 문장을 문자 그대로 해석하면, 치매 환자가 작성한 서면 안락사 요청에 대해 의사는 매우 신중할 수밖에 없다. 결국 완전히 혼수상태에 빠진 환자만이 아무 표현도 할 수 없기 때문이다. '커피 안락사' 사건에서 심의위원회, 검찰, 보건감독청, 그리고 두 징계위원회 모두 이 입장을 취했다.

반면 이 사건의 노인병 전문의는 해당 문장을 달리 해석해, 환자가 "죽고 싶지 않다"고 표시하더라도 안락사를 시행했을 것이라고 확신에 찬 진술을 했다.[147] 형사법원은 분명 이 해석을 지지했다. 해석이 나뉘는 것에 따른 실질적인 영향은 막대하다. 어느 해석이 옳은가?

이 장 '가.3절'에서 논의했듯, 대법원은 오직 입법 취지에만 근거하여 판결을 내렸다. 그 판결의 참조 목록은 20년도 더 지난 의회 문서 몇 건에 불과하다.

안락사법은 우선 하나의 텍스트다. 다수의 '공적' 텍스트와 마찬가지로, 그 의미를 제대로 이해하려면 경험적 저자empirical author(입법자)의 본래 의도만으로는 충분하지 않다. 문학 작품처럼 법률 역시 특정 독자 공동체를 위해 작성된다. 공적 텍스트의 저자는 독자가 반드시 자신의 원래 의도에 따라 읽어 줄 것이라 기대하지 않는다.[148] 출판된 소설은 작가 자신만 읽는 비밀 일기가 아니며, 독자가 작가에게 직접 의도를 물어볼 수 있는 개인적인 편지도 아니다. 법률도 마찬가지다. 설령 저자가 입법 자료(의회 문서)라는 형식으로 자신의 의도를 많이 남겼다 해도, 일단 그 법률이 공표되었다면, 우리는 그 법의 "텍스트 자체"에 근거해야 한다.[149]

그렇다고 텍스트가 독자가 원하는 모든 의미를 허용하는 것은 아니다. 움베르토 에코Umberto Eco가 말했듯, 텍스트는 작가가 단어를 제공하고 독자가 의미를 가져가는 소풍 같은 것이 아니다.[150] 텍스트는 복수의 의미를 담을 수 있지만, 무한정인 것은 아니다. 어떤 의미는 허용되고, 어떤 의미는 배제된다. 텍스트는 그 자체로 의미를 갖는다. 에코가 말한 '작품 고유의 의도intentio operis'를 주장하려면, 텍스트 전체의 통일된 구조 안에 해당 부분을 놓고 살펴보았을 때에만 정당화될 수 있다. 텍스트의 한 부분에 대한 해석은 다른 부분들이 이를 뒷받침할 때만 수용될 수 있고, 모순될 때는 기각되어야 한다. 뒷받침이 클수록 그 해석은 더 설득력을 갖는다.[151] 미국의 헌법학자 로널드 드워킨Ronald Dworkin의 용어를 빌리면, 가장 "적합한fit" 해석이 최선의 해석이다.[152] 그렇다면 다음과 같은 의문이 제기된다. 대법원은 과연 안락사법의 사전의향서 조항 첫 문장에 대해 그러한 해석을 내렸는가? 가장 수용 가능한 해석을 제시했는가? 그 조항의 intentio operis, 즉 작품 고유의 의도를 찾아내는 데 성공했는가?

가령, 내가 움베르토 에코의 소설 『푸코의 진자Foucault's Pendulum』 107장에 등장하는 난해한 구절을 해석해 "이게 정답"이라 주장한다고 치자. 그런데 "사실 107장만 읽었다"라고 덧붙인다면, 120장 전체를 다 읽은 독자는 내 해석을 신뢰하지 않을 것이다. 부분을 해석하려면 전체를 이해해야 한다는 원칙은 문학 비평뿐 아니라 법 해석에도 적용된다. 전체 텍스트는 하나의 일관된 구조로 읽히고 이해되어야 하며, 우리가 다루는 텍스트는 『푸코의 진자』와 같은 소설과는 달리, 수많은 저자들에 의해 작성된 것이라는 특수성까지 가지고 있다.

규제 개념의 첫 번째 유추 적용과 관련하여, 우리는 반드시 다음 사실을 인식해야 한다. 네덜란드의 안락사 관련 법은 단지 '안락사법Euthanasia Act'만으로 구성되어 있는 것이 아니다. '매장 및 화장법Burial and Cremation Act' 역시 관련이 있으며, 형법Criminal Code 상의 요청에 의한 생명 종료 및 자살 방조에 관한 조항들도 포함된다. 그리고 이들 조항은 다시 네덜란드 헌법이 보호하는 기본권 및 네덜란드가 가입한 수많은 유럽 및 국제 인권 조약에 내포된 권리들과 연동되어 있다. 하지만, '커피 안락사' 사건에 대한 대법원의 두 판결 어디에서도 이러한 기본권에 대한 언급은 없었다. 대법원은 사전의향서 조항이 이들 기준점들과 어떻게 연관되는지를 명확히 밝혔어야 했다. 또한 대법원은 네덜란드 안락사법 전체에 대한 일관된 이해를 제시했어야 한다. 그 법이 기반하는 근본 원칙들을 파악하고, 적용 가능한 모든 규정들에 대한 일관된 이론을 수립하며, 그 이론에 가장 잘 부합하는 해석을 제시했어야 한다.

어쩌면 대법원은 정말 최적의 해석을 내렸는지 모른다. 하지만 증명은 하지 않았다. 네덜란드 안락사법이라는 '책'을 끝까지 읽지 않은 셈이다. 기본권이라는 장(章)을 건너뛰었다.

3. 법률적 근거의 부재

"책 전체를 읽지 않으려는" 태도는 규제 개념의 두 번째 유추 적용에서도 드러난다. 『후기 임신중절 및 신생아 생명 종결 심의위원회 설치령』은 보건부 장관과 법무부 장관이 공동으로 발령한 장관령이다. 안락사법과 달리, 이 규정은 의회가 제정한 형식적 법률에 근거를 두고 있지 않다.[153]

네덜란드에서 기본권은 두 갈래로 보호된다. 첫째, 네덜란드는 다수의 국제·유럽 인권조약 당사국이다. 둘째, 네덜란드 헌법 자체에 기본권 장이 있다. 헌법은 생명권 조항은 두지 않았지만, 신체의 불가침을 보장한다. 제11조는 다음과 같이 규정한다.

"모든 사람은 법률 또는 법률에 근거한 규정이 정하는 제한에 따라, 자기 신체의 불가침을 향유할 권리를 가진다."

즉, 네덜란드 헌법이 보호하는 모든 자유는 "법률 또는 법률에 근거한 규정이 정하는 제한" 하에 놓인다. 따라서 신체의 불가침을 제한하려면 제정된 법률이나 그 법률에 근거한 위임 규정이 필요하다. 입법자는 직접 제한 규정을 마련하거나, 다른 기관에 규제 권한을 위임해야 한다. 그러나 입법자는 그러한 규정을 만들지 않았고, 다른 기관에 위임권을 부여하지도 않았다. 결과적으로, 『설치령』은 성문법상의 근거를 결여한 규정이 되었다. 이는 입법자가 헌법상 의무를 이행하지 않았음을 의미한다. 『설치령』(및 그 전신)은 지금까지 두 차례 평가를 받았다. 가장 최근 연구 보고서는 입법자에게 법률적 근거를 마련하라고 촉구했다.[154]

그러나 정책 결정자들은 여전히 기본권 논의를 회피하는 모습이다. 법의 정합성integrity of the law을 존중해야 함에도, 1~12세 아동 생명 종결 규칙이 기존 설치령에 단순 추가되는 방식으로 추진되고 있어, 이번에도 기본권 장은 건너뛰어질 가능성이 크다.

4. 끼워 맞추기가 너무 어려운가?

기본권 관점에서 보면, 규제 개념의 두 번째 및 세 번째 유추 적용, 특히 어린이를 대상으로 한 규정은 매우 난해하다. 네덜란드는 여러 인권 조약의 당사국이기에 국내 법령을 조약 규정과 조화시킬 의무가 있다. 어린이 안락사 문제와 관련하여, 유럽인권협약ECHR 체계는 아동권리협약Convention on the Rights of the Child; CRC의 규정으로 보완된다. 이 가운데 가장 관련성이 높은 조항은 다음과 같다.

- 제6조: 모든 아동은 고유한 생명권을 가진다. 당사국은 아동의 생존과 발달을 최대한으로 보장한다.

- 제3조: 아동과 관련된 모든 조치에서 (...) 아동을 위한 최선의 이익이 최우선 고려 사항이 된다.

- 제4조: 당사국은 협약상 권리 이행을 위해 모든 적절한 입법·행정 조치를 취한다. 경제·사회·문화적 권리에 대해서는 가용 가능한 최대 자원을 동원한다.

- 제23조: 정신적·신체적 장애 아동은 완전하고 품위 있는 삶을 누려야 하며, 특별한 보호·지원의 권리를 가진다.

- 제24조: 아동은 도달 가능한 최고의 건강 수준과 치료·재활 시설을 누릴 권리를 가진다.[155]

앞서 '가.4절'에서 본 것처럼, 생명권은 유럽인권협약에 의해서도 보호된다. 제2조에 따르면, 모든 사람의 생명권은 법에 의해 보호받는다. 비록 생명권이 절대적인 권리는 아니지만, 국가가 이 권리의 행사에 개입할 수 있는 경우는 극히 제한적이다. 이러한 이유로 인해, 생명권은 유럽인권협약이 보호하는 권리와 자유들 가운데에서도 특별한 지위를 가진다.

유럽인권협약의 당사국은 단순히 생명권을 침해하는 행위를 하지 않는 데 그치지 않고, 모든 사람의 생명권을 보호하기 위한 적극적인 조치를 취할 의무도 지닌다. 이를 위해 국가는 생명 박탈을 금지하는 규정을 두고, 그 규정이 실효성 있게 집행되도록 보장해야 한다. 전통적으로, 고의적인 인간 생명의 종결에 관해서는 형법이 유일하게 적절한 수단으로 간주되어 왔다.[156] 그러나 유럽인권재판소가 영국의 프리티 사건Pretty v. United Kingdom(2002)*에 대한 판결을 내린 이후, 본인의 요청에 따른 고의적인 생명 종결은 예외적인 경우로 인정되기 시작했다. 이 판결 이후로, 유럽인권재판소의 당사국은 더 이상 이러한 행위를 법적으로 처벌할 의무를 지지 않게 되었다. 영국의 조력 자살 전면 금지에 대해 유럽인권재판소는 다음과 같이 판시했다. "존엄하지 못한 고통스러운 죽음을 피하고자 하는 프리티 씨의 선택은 법에 의해 방해받고 있다. 이 법정은 이것이 제8조 사생활권에 대한 간섭일 수 있음을 배제하지 않는다."[157]

스위스의 하스 사건Haas v. Switzerland(2011)에서 유럽인권재판소는 "자신의 생을 언제, 어떤 방식으로 마칠 것인지 결정할 권리는, 본인이 그 문제에 대해 자유롭게 결정을 내리고 그에 따라 행동할 수 있는 능력이 있는 경우에 한하여, 협약 제8조가 보호하는 '사생활 존중권'의 한 측면"이라고 명확히 했다.[158] 따라서 공권력이 이 권리를 제한하려면 법률에 근거해야 하며, 긴박한 사회적 필요를 충족해야 하고, 그 조치가 제8조 제2항에 명시된 '정당한 목적' 중 하나를 달성하는 데 필요한 범위를 넘지 않아야 한다. 그리고 자신의 삶을 언제, 어떤 방식으로 끝낼지를 자유롭게 결정할 수 없는 사람들의 생명권을 보호하는 것은, 제2조에 명시된 정당한 목적 가운데 하나에 해당한다.

---

* 영국인 다이앤 프리티(Diane Pretty)는 말기 근위축성 측삭경화증(ALS, 루게릭병) 환자로, 점차 전신 마비가 진행되고 있었다. 의식은 명료하지만 신체적 고통과 굴욕을 피하기 위해 남편의 도움으로 조용하고 존엄하게 죽기를 원했다. 그녀는 남편이 안락사를 도와주더라도 기소되지 않도록 면책을 요청했으나, 영국 검찰청은 이를 거부했고 그녀는 국가가 사생활과 자율성, 비인도적 처우 금지를 보장하는 유럽인권협약을 위반했다며 유럽인권재판소에 제소했다.

하지만 '후기 임신중절 및 신생아 생명 종결 심의위원회 설치령'은 자발적 생명 종료나 사생활권과 생명권 사이의 균형 문제에 관한 것이 아니다. 이 설치령과 그 개정안은 본인 요청이 없는, 그리고 의사능력이 없는 인간에 대한 고의적 생명 종결에 관한 규정이다. 요청 없는 생명 종결에 대해 유럽인권재판소는 아무런 재량을 인정하지 않는다. 하스 판결에서 이 재판소는 다음과 같은 내용을 덧붙였다.

"협약 제2조는 (…) 국가 당국에 대해, 자신의 생명을 스스로 위협하는 행위를 하려는 경우에도 취약한 사람들을 보호할 의무를 부과한다. (…) 재판소의 판단으로, 이 조항은 개인이 자신의 생명을 끊으려는 결정이 충분한 이해와 자유로운 의사에 기반한 것이 아닐 경우, 국가 당국이 그 행위를 막아야 할 의무가 있음을 의미한다."[159]

그리고 유럽인권협약이 보호하는 모든 기본권과 마찬가지로, 그 권리들은 "이론적·형식적"인 것에 그쳐서는 안 되며, 실질적으로 보장되어야 한다는 원칙도 반복해 강조된다.[160]

2007년 3월, 현 설치령의 전신 규정이 발효되었지만, 놀랍게도 전국 심의위원회 설치만 다루고 적정 주의의무 요건 자체는 부속된 해설서 explanatory memorandum에 담겼다.[161] 그리고 2013년에 실시된 평가에서, 이 규정이 불충분하다는 사실이 드러났다. 특히 고통이라는 요건에 대한 기준이 불명확했고, 의사들 사이에서 신뢰가 부족했기 때문에, 신고가 거의 이루어지지 않은 것으로 나타났다.

이에 따라 현재의 설치령으로 개정되면서 네 가지 변화가 있었다. 첫째, 적정 주의의무 요건이 규정 본문에 포함되었다. 둘째, 위원회 구성을 기존 5인에서 6인(의사 4, 윤리학자 1, 변호사 1)으로 확대하고 의장이 반드시 변호사일 필요는 없도록 변경되었다.[163] 셋째, 검찰 지침을 개정해 위원회의 판단을 '단순 자문'이 아닌 '중대한 의견'으로 격상하여[164] 사실상 검찰 판단을 사후 승인으로 전환하였다. 마지막으로 '고통'의 개념이 확대되었는데, 이는 규정 본문이 아니라 해설서에서 변경되었고 그 내용은 다음과 같다.

"의사는 고통이 참을 수 없고 회복 불가능하다고 확신해야 하기 때문에, 원칙적으로 신생아가 실제로 겪는 고통이 생명 종료 결정의 출발점이 된다. 그러나 신생아가 참을 수 없고 회복 불가능한 고통을 "항상" 겪지는 않더라도, 그런 고통을 "주기적으로" 겪는 상황도 존재한다. 또한, 생명 종료를 결정하는 시점에 참을 수 없고 회복 불가능한 고통이 실제로 존재하지 않더라도, 일정 수준 이상의 확실성을 가지고 그러한 고통이 예상되는 경우, 심의위원회는 생명 종료가 신중한 결정이었다고 판단할 수 있다. 즉, 환자가 현재 고통을 겪고 있지 않더라도, 참을 수 없고 회복 불가능한 고통을 예방하기 위해 생명 종료 결정이 내려질 수 있는 상황도 충분히 상상할 수 있다.[165]

이러한 추가 내용은 2013년 네덜란드 왕립의사회^{KNMG}가 채택한 입장문$^{position\ paper}$에 근거한 것이며, 해당 문서에는 다음과 같은 내용이 포함되어 있었다. "현재 및 미래 건강 상태에 대한 예후는 생명 연장 조치를 중단할지 여부를 결정하는 근거가 된다. 이 과정에서 의사는 예상되는 고통의 정도, 치료 프로그램의 강도, 예상 수명, 자기 돌봄 가능성, 그리고 의료 시스템에 대한 의존 정도 등을 함께 고려할 수 있다." 이에 따라 심의위원회는 신생아 생명 종결에 관한 정의를 연례보고서에 포함시켰으며, 이는 이 장 '나.2절'에서 논의된 바와 같다.

소아과 전문의 집단은 형사법 개입을 단계적으로 약화시키는 데 성공했다. 그러나 규정 개정 이후에도 신고 건수는 증가하지 않았다. 이러한 규정을 1세에서 12세 아동에게까지 확대한다고 해도, 같은 결과를 낳을 가능성이 크다. 소아과 의사들은 안락사법과 유사한 심의 절차를 원하겠지만, 검찰 판단을 사실상 형식적인 '사후 승인settlement judgment' 정도로 격하시킴으로써, 만 12세 이하 중증 아동의 생명권은 이미 "형식적이거나 허구적인" 권리로 전락했다. 불가항력은 본래 형사법 개념인데, 이를 의무 충돌의 형태로 표준화하여, 어떤 행위가 사전에 면책될 수 있는지를 범죄 실행 전부터 예측할 수 있게 만든다는 점은 매우 이례적인 일이다. 기본권의 관점에서 볼 때, 안락사법 자체에 한해서는 거의 예외 없는 면책조항이 문제되지 않는다. 왜냐하면 이 경우는 의사능력을 가진 개인의 요청에 근거한 것이기 때문이다. 그러나 의사능력이 없는 아동에게 안락사가 시행되는 경우는 상황이 전혀 다르다. 법적으로 보았을 때, 이러한 제도적 설계는 분명히 '너무 멀리 간 것'일 가능성이 높다.

아동권리협약CRC과 관련하여, 네덜란드는 아직까지 『아동권리협약상 통신 절차(개인 청원권)에 관한 선택의정서Optional Protocol to the Convention on the Rights of the Child on a Communications Procedure』에 서명 및 비준을 하지 않았다. 따라서 네덜란드가 아동권리협약에 명시된 권리를 침해했다고 주장하는 개인 또는 집단이 제기하는 청원은, 유엔 아동권리위원회에 제출될 수 없다. 그러나 네덜란드는 아동권리협약의 당사국으로서, 아동권리협약에 의해 인정된 권리를 실현하기 위해 자국이 채택한 조치와, 그 권리 향유에 있어 달성된 진전에 관한 보고서를 위원회에 제출할 의무가 있다.[168] 네덜란드의 제4차 정기 보고서에 대한 유엔 아동권리위원회의 최종 견해concluding observations에서, 위원회는 18세 미만의 환자에게도 안락사가 적용될 수 있다는 사실에 대해 지속적인 우려를 표명했다.[169]

4. 비의료인에 의한 안락사

법적 관점으로 볼 때 네덜란드 안락사법은 기본권 문제로 이해하는 것이 타당하다. 그러나 역사적으로 안락사법은 기본권 논쟁의 산물이 아니었다. 무엇보다도, 이 법은 생명 종결이나 조력 자살을 요청하는 환자들과 마주한 주치의의 필요에 부응하기 위해 제정되었다. 긴급 상황에서의 '불가항력' 개념이 점차 구체화되면서 안락사는 '특권적 연민privileged compassion'의 행위로 자리매김했다. 그럼에도 불구하고 이 법의 규정들이 유럽인권협약 제8조 사생활권과 대체로 양립할 수 있는 것은, 조력 자살에 대한 판례들에서 유럽인권재판소가 인정한 재량의 폭margin of appreciation 덕분이다. 안락사를 특권적 연민으로 바라보는 시각은, 동일한 규제 모델이 다른 환자 집단에 적용될 때 더욱 뚜렷해졌다. 하지만 네덜란드 정책 입안자와 사법부가 기본권의 중요성을 제대로 고려하지 않는 태도는 놀랄 만하다. 기본권은 법 체계의 중추이기 때문이다.

특히 『후기 임신중절 및 신생아 생명 종결 심의위원회 설치령』과 그 개정안은 네덜란드 안락사법을 통일적 체계로 이해하기 어렵게 만든다. 치료 중단에 대한 유럽인권재판소의 입장은 명확하다. 이는 2017년 찰리 가드 사건Charlie Gard case(사망 당시 11개월)과 2022년 아치 배터스비 사건Archie Battersbee case(사망 당시 12세) 판결에서 드러났다.[170] 생명 유지 치료를 포함한 치료 중단은 일정 요건만 충족되면 유럽인권협약 제2조 생명권과 충돌하지 않는다.[171] 그러나 설치령과 그 개정안은 치료 중단이 아니라 의사능력이 없는 아동의 고의적 생명 종결을 다룬다. 이 문제에 대해 유럽인권재판소가 각 국가에 재량을 부여할 가능성은 거의 없다. 이러한 규정을 인정하지 않는 방향으로 사실상 거의 완전한 합의가 이루어져 있기 때문이다. 이러한 규정을 가진 회원국은 네덜란드가 유일하다. 본 장에서는, 네덜란드에서 안락사가 얼마나 '특권화된 행위privileged affair'인지를 보여 주는 또 다른 사례를 살펴본다.

가. 헤링하 사건(2018)

2018년 1월 31일, 네덜란드 항소법원은 알베르트 헤링하$^{Albert\ Heringa}$에게 징역 6개월에 집행유예를 선고했다.[172] 이 판결로 2008년 6월, 그의 계모가 자살한 사건으로부터 시작된 이야기의 종지부를 찍은 듯했다. 2013년 지방법원은 헤링하에게 자살방조 유죄를 인정하면서도 형벌이나 보호처분을 선고하지 않았다.[173] 그러나 항소심은 (긴급상황에서의) 불가항력을 이유로 그의 행위가 처벌 대상이 아니라고 판시했다.[174] 2017년 대법원은 항소심 판결을 파기하고 사건을 다른 항소법원으로 환송했다.[175] 재심 재판에서도 핵심 쟁점은 헤링하가 주장한 불가항력의 성립 여부였다.

1. 사실관계

헤링하의 99세 계모 '무크^{Moek}'는 요양원에 거주하며 침상에 누워 사는 삶을 이어가고 있었다. 그는 심부전을 앓았고, 심한 요통이 있었으며 시력도 거의 잃은 상태였다. 무크는 여러 차례에 걸쳐 "이제 삶이 끝났다"고 호소했다. 그러나 주치의는 아직 임종을 돕는 것에 동의하지 않았고, 이에 헤링하는 계모를 대신해 '네덜란드 자발적 삶 마감 협회$^{Dutch\ Association\ for\ a\ Voluntary\ End\ to\ Life;\ NVVE}$'에 연락했다. NVVE의 한 상담원이 무크를 방문했고, 음식과 수분 거부를 통한 자발적 임종을 제안했지만, 무크는 이를 원하지 않았다. 이후 헤링하는 계모가 스스로 생을 마감하려고 약을 모으고 있음을 발견했고, 도움을 주어야 한다는 의무감을 느꼈다. 그는 '돌봄 속 자살에 대한 과학적 연구 재단

Foundation for Scientific Research on Suicide with Care; WOZZ'이 발간한 책자를 구해 여러 자살 방법을 조사했다. 사망 3주 전부터 그는 계모와 자살 날짜와 방법을 합의했다. 방법은 헤링하가 구해 준 말라리아 약과 무크가 모아 둔 약을 함께 복용하는 것이었다. 2008년 6월, 무크의 명시적 요청에 따라 헤링하는 약을 건넸고, 무크는 그의 면전에서 이를 삼킨 뒤 사망했다.

그 과정 중 일부, 특히 무크가 "삶을 마쳤다"고 말하는 장면을 헤링하가 비디오로 촬영했다. 이 영상은 『무크의 마지막 소원: 스스로 택한 죽음 Moek's Last Wishes: A Self-Directed Death』이라는 다큐멘터리에 포함되어 2008년 2월 네덜란드 공영방송을 통해 방영되었다. 이후 헤링하는 자살방조 혐의로 기소되었다.

2. 지방법원과 항소법원

헤링하는 긴급 상황에서의 불가항력을 주장했다. 그는 의무와 이해관계가 서로 충돌하는 가운데 선택을 강요받고 있다고 느꼈으며, 가장 중대한 의무를 선택할 수밖에 없다고 보았다. 즉, 형법 제294조 2항(자살 방조 금지)을 지키는 의무와, 아흔아홉 살 계모의 고통 없고 평화롭고 존엄한 죽음을 돕는 도덕적 의무가 충돌했고, 후자가 우선한다고 판단했다. 그는 비례성 및 보충성 원칙the principles of proportionality and subsidiarity*에 따라 신중히 대안을 검토했으며 현실적 대안이 없었다고 주장했다. 계모는 직접

---

* 비례성 원칙(proportionality)은 어떤 조치가 정당한 목적을 달성하기 위해 필요한 수준을 넘지 않아야 한다는 원칙으로, 과잉 금지 원칙이라고도 불린다. 보충성 원칙(subsidiarity)은 더 높은 수준의 개입은 마지막 수단이어야 하며, 문제 해결은 가능한 한 보다 낮은 수준(개인, 가족, 지역사회 등)에서 이루어져야 한다는 원칙이다. 두 원칙은 윤리학과 헌법, 형법, 유럽연합법 등 다양한 분야에서 권리 제한의 정당성을 평가하는 기준으로 널리 활용된다.

약을 구할 수 없었고, 단식과 단수로 죽음을 맞는 방법을 명확히 거부했다. 또 주치의나 다른 의사에게 다시 상담을 받는 것도 현실적으로 불가능하다고 여겼다. 무크는 다른 의사를 원치 않았고, 거주 지역이 정통 개신교 지역이어서 안락사를 도와줄 의사를 찾기 어려웠다는 점도 이유로 들었다. 또한 당시(2008년 봄) 상황에서는 의사에게 안락사를 요청하는 것은 애초에 무의미한 일이었다고 주장했다.

그러나 지방법원은 "계모의 존엄한 자발적 임종"을 실현할 현실적 대안이 전혀 없었다고 보기는 어렵다고 판단했다. 헤링하가 적정 주의의무 요건을 갖춘 안락사법 테두리 안에서 해결책을 모색하려는 노력이 부족했다고 본 것이다. 주치의를 '비협조적 being reluctant'으로 단정하고, 애초부터 다른 의사를 찾는 일을 무의미하다고 본 것은 잘못이라는 취지였다. 다만 지방법원은 헤링하의 행위가 계모와의 긴밀한 유대와 연민에서 비롯된 점을 인정해 형벌을 부과하지는 않았다.[176]

항소법원도 형법 제294조 제2항과 제293조 제2항이 결합되어 구성된 안락사법의 특수한 면책 사유가, 의사가 아닌 사람에게 일반 불가항력 조항(형법 제40조) 적용을 배제하지 않는다는 점을 인정했다. 그런데 지방법원과 달리, 항소법원은 헤링하의 긴급 상황 emergency이라는 의미에서의 불가항력 주장까지 받아들였다. 그는 서로 충돌하는 의무 사이에서 실제로 구체적인 위기에 놓여 있었다는 것이다. 이 판결이 주목할 만한 이유는, 항소심 재판부가 안락사법상의 적정 주의의무 요건을 판단의 기준으로 삼은 뒤, 불가항력 주장이 인정되기 위한 예외적인 상황이 실제로 존재했다고 결론지었기 때문이다.[177]

3. 대법원

상고심에서 검찰은 먼저 항소심 재판부가 적용 가능한 판단 기준을 잘못 설정했다고 주장했다. 그로 인해 법률을 오해·오용했다는 것이다. 검찰에 따르면, 항소심 재판부는 헤링하에게 긴급상황에서의 불가항력이 성립한다고 본 이유도 충분히 제시하지 못했다.[178] 이에 대해 대법원은 별다른 논증 없이 검찰 논지에 동의했다. 판시 내용은 다음과 같다.

> "항소법원은 피고인의 행위를 평가함에 있어, 사실상 의사에게 적용되는 적정 주의의무 요건만을 판단 기준으로 삼았다. 그러나 피고인은 의사가 아니며, 이는 현행 입법 체계상 매우 중요한 점이다. (…) 이러한 사정을 고려할 때, 항소법원이 이 사건에서 불가항력 주장을 정당하다고 본 것은 납득하기 어렵다. 불가항력은 극히 예외적인 상황에서만 인정될 수 있다. (…) 더구나, 피고인은 항소법원이 스스로 채택한 기준조차 충족하지 못했다."[179]

인용문 마지막 문장의 정확한 의미는 완전히 명확하지 않지만, 한 가지 사실은 헤링하가 계모 사망 후 의사에게 요구되는 신고 절차를 밟지 않았다는 점이다.[180] 반면 항소법원은 앞서 "피고인은 자신의 행동을 투명하게 기록해 형사법원의 검증이 완전히 가능하도록 최대한 노력했다"라고 인정한 바 있다.[181] 흥미로운 점은, 대법원이 의료인이 아닌 사람에게 불가항력을 인정하는 데 대해 신중한 태도가 필요하다고 판단하면서, 그 근거로 "현재 진행 중인 요청에 의한 생명 종결 및 자살 방조에 관한 사회적·정치적 논의"를 들었다는 사실이다.[182]

4. 또 다른 항소법원

대법원이 적용 법리를 명확히 한 뒤 사건을 다른 항소법원으로 환송하자, 새 항소법원은 헤링하의 긴급 상황에 의한 불가항력 주장을 배척했다. 그 판단 근거로 다음 사항들이 중요하다고 보았다. 1)헤링하는 최종 결정을 내리면서 계모의 의사^{wishes}만을 따랐고, 자신의 행위가 형사 범죄에 해당함을 충분히 고려하지 않았다. 2)그는 '네덜란드 자발적 삶 마감 협회' 상담원에게 협조 의향이 있는 다른 의사를 알고 있는지 문의해 보지 않았다. 3)그는 사망 당일 저녁, 계모가 약을 복용하도록 도운 뒤 계모를 홀로 남겨두고 자리를 떠났다.

세 번째 정황은 형량 판단에 특히 영향을 미쳤다. 계모의 임종 과정에서 예기치 못한 문제가 발생할 수 있었을 뿐 아니라, 재판부는 헤링하가 사후에 제시한 행위의 이유, 즉 아무도 곁에 없는 상태에서 계모가 스스로 목숨을 끊고 가족에게 작별 인사조차 하지 못하는 상황을 막고 싶었다는 주장과 그의 행동이 모순된다고 판단했다. 한편, 이전 항소법원은 이러한 행동을 정당화할 수 있다고 보았다.[183] 헤링하가 자리를 떠난 점과 계모의 비(非)자연사 사실을 신고하지 않은 점에 대해서도, 당시 법원은 계모가 조용히 삶을 마감하길 바랐다는 점을 고려하여 이해를 표한 바 있었다.[184]

결국 헤링하는 검찰이 구형한 형보다 무거운 형을 선고받았다. 형량은 징역 6개월(집행유예), 보호관찰 2년이었다. 헤링하는 또 다른 면책 사유로, 네덜란드 형법 제294조 2항이 유럽인권협약 제8조 1항과 충돌하므로 적용이 배제되어야 한다고 주장했다.

이에 대해 새 항소법원은 유럽의 판례법에 따르면 사생활의 권리가 국가에 안락사를 용이하게 할 의무까지 부여하는 것은 아니라고 지적했다. 즉, 유럽인권협약 제8조 제2항에 명시된 요건만 충족된다면, 각국은 자국의 상황에 맞게 안락사를 가능하게 하는 구체적인 규정을 마련할 재량권margin of appreciation을 가진다는 것이다. 재판부는 이어서 다음과 같이 판시했다. "자살 방조 금지의 예외를 어떤 경우에 인정할 수 있을지는, 해당 국가가 스스로 판단할 수 있는 재량의 범위에 속한다."[185] 그리고 이렇게 결론지었다. "따라서 형법 제294조 제2항 후단second sentence이 언급하고 있는 바와 같이, 형법 제293조 제2항에 명시된 조건 하에서만 조력 자살을 허용하는 것은 유럽인권협약 제8조에 위반된다고 볼 수 없다."[186] 즉, 국가가 조력 자살을 허용하는 범위를 엄격하게 설정했다고 해서, 그것이 사생활권을 침해하는 것은 아니라는 점을 명확히 한 것이다.

나. 삶이 다했다고 느낄 때

네덜란드 대법원은 의사들이 주장할 수 있는 불가항력 사유를 비의료인이 원용appeal하는 것에 대해 명백히 인색한 태도를 보였다. 대법원의 견해에 따르면, 의사가 아닌 사람이 긴급상황에서의 의무 충돌을 이유로 불가항력을 주장하려면, 정말 극히 예외적인 상황이어야 한다. 물론 이러한 접근은 본질적으로 불가항력 개념

자체에 내재되어 있는 것으로, 아주 예외적인 상황에서만 적용 가능한 것이 당연하다. 반면, 의사들은 이런 전통적인 의미의 불가항력 개념에만 의존하지 않아도 된다. 헤링하 판결에서 대법원은 안락사가 의사에게만 허용된 특권적 연민 행위임을 명확히 했다. 흥미롭게도 이번 사건에서 네덜란드 법원은 유럽인권법$^{European\ human\ rights\ law}$을 고려 대상으로 삼았지만, 그 목적은 오히려 "안락사는 의사 고유의 영역"임을 강조하기 위한 듯했다. 네덜란드에서 안락사는 확실히 특권화된 연민 행위다.

또한 대법원은 "현재 진행 중인 사회·정치적 논의"를 이유로 신중한 태도를 유지하겠다고 밝혔는데, 여기서 말한 논의가 이른바 '완결된 삶$^{completed\text{-}life}$' 논쟁이다.[187]

1. 드리온의 알약(1991)

노년층이 삶의 마지막을 스스로 결정할 권리에 대한 공적 토론은 네덜란드에서 오랫동안 이어져 왔다. 논쟁의 불씨는 1991년, 전(前) 대법관 후이브 드리온$^{Huib\ Drion}$이 출간한 에세이『노년층의 자발적 죽음$^{The\ Self\text{-}Chosen\ Death\ of\ Elderly\ People}$』에서 시작됐다. 그는 이 책에서 다음과 같은 확신을 피력했다. "많은 노인들은, 인생이 앞으로 자신에게 가져다 줄 일을 고려할 때, 적절하다고 판단되는 순간에 스스로의 생을 수용 가능한 방식으로 마칠 수 있는 수단을 갖고 있다면 커다란 평안을 얻을 것이다."[188] 또한 그는 훗날 '드리온의 알약$^{Drion's\ Pill}$'이라 불리게 될 개념을 주장했다. 이는 노년층이 원할 때 자신과 주변 사람들에게 수용 가능한 방식으로 생을 마칠 수 있도록 하는 약물로, 주치의나 이

목적을 위해 지정된 다른 의사를 통해 제공받을 수 있어야 한다는 주장이었다.[189]

2. 시민발의(2010)

브롱허르스마 사건(2002) 무렵 논의는 더욱 격화되었다. 대법원 판결이 안락사법의 범위를 제한하는 것으로 보이자, '드리온의 알약' 지지자들은 다른 방안을 모색하기 시작했다.

2010년, '자유의지Uit Vrije Wil'라는 모임은 이른바 시민발의citizens' initiative를 시작했다. 네덜란드에서 시민발의는 개개인이 상세한 정책 제안을 마련해 의제 토론과 표결을 의회에 요구할 수 있는 제도다. 네덜란드 국적을 가진 만 18세 이상이면 누구나 제출할 수 있으며, 해당 발의가 의회에서 논의되기 위해서는 최소 4만 명의 지지 서명이 필요하다.[190] '자유의지' 모임의 목표는, 삶이 완결되었다completed life고 판단하는 고령자가 명시적인 요청을 했을 경우, 일정한 주의의무 및 검증 요건을 충족하는 조건하에서 자살 조력 행위를 합법화하도록 법을 개정하는 것이었다.[191]

이들은 네덜란드 헌법이 모든 국민에게 자신의 신념과 선호에 따라 살 권리와 그에 따른 결정권을 보장하며, 이는 삶의 마지막 단계와 생사 결정에도 적용된다고 주장했다. 따라서 자기결정권이 이 발의의 토대라는 것이다. 즉, "삶이 완결되었다고 판단하는 자유로운 개인은 자신의 죽음의 시기와 방식을 선택할 권리가 있어야 한다."[192]

오늘날 우리는 대체로 만족스러운 방식으로 더 오래 살아가고 있지만 어떤 이유로든 삶의 가치와 의미가 극도로 저하되었다고 느끼게 되면 삶보다 죽음을 더 선호하게 될 수도 있다고, 이 모임은 지적했다. 더 이상 어떤 방식으로도 자신의 상황을 바꿀 수 없다는 사실이 분명해질 때, 사람은 자신의 삶이 '완결되었다'고 결론지을 수 있다. 그 순간 우리는 평온하고 존엄하게 죽기를 원하게 되며, 가능하다면 사랑하는 사람들과 함께하고 싶어 한다. 그러나 이러한 바람을 이루기 위해서는 자살 시도가 실패하여 당사자나 주변 사람들에게 끔찍한 결과를 초래하지 않도록 돕는 조력이 필요할 때가 많다는 것이다.[193]

'자유의지' 모임은 자신의 죽음에 대해 스스로 결정할 자유는 도덕적인 관점에서 보았을 때 거의 논란의 여지가 없다고 주장하면서 네덜란드에서는 자살이 법적으로 금지되어 있지 않다는 점을 강조했다. 문제는 자살 조력이 금지되어 있다는 점이다. 따라서 '자유의지' 모임은 자살을 돕는 행위가 더 이상 처벌 대상이 되어서는 안 된다고 믿으며, "존엄한 죽음을 원하는 고령 네덜란드인들에게 법 개정을 통해 그 기회를 제공해야 한다"고 주장했다. 이는 곧 "전문적이고 책임감 있으며 검증 가능한 조력 자살 체계"를 뜻한다.[194]

'자유의지' 모임은 자살 조력을 위한 법안을 제안했는데, 이는 특정한 교육 요건을 충족했다는 증서를 보유한 돌봄 제공자, 즉 '자살 조력자 suicide assistant'가 자살을 돕는다는 내용을 담고 있다. 자살 조력자는 '노인을 위한 자살 조력 재단 Foundation for Suicide Assistance to Elderly People' 소속이어야 하며, 이 재단은 다음과 같은 역할을 수행해야 한다. (1)자살 조력자를 선발하고 교육 및 인증하며, (2)이들을 지원하고, (3)자살 조력에 대한 전문 기준을 개발하고, (4)치명적 약물의 처방을 감독하며, (5)자살 조력의 실행을 주기적으로 평가하고 그 결과를 정부에 보고한다.[195]

제안에 따르면, 만 70세 이상 고령자가 자살 조력자에게 직접 신청해야 하며, 자살 조력자가 적정 주의의무 요건을 준수하고 자살 조력 시행을 제대로 신고하면 기소되지 않도록 한다.[196] 요청을 심사할 때 자살 조력자는 다음 기준을 충족해야 한다.

a. 자살 조력 요청이 자발적이고, 신중하며, 지속적인 것임을 확신해야 한다.

b. 요청자가 네덜란드 국민이거나 최소 2년 이상 거주한 유럽연합 회원국의 시민이며, 요청 당시 만 70세 이상임을 확인해야 한다.

c. 요청자에게 자살 조력의 실질적 내용과 절차적 측면에 대해 충분히 설명해야 한다.

d. 요청자로부터 자살 조력을 요청하는 서면 진술서를 받아야 한다.

e. 요청자와 면담한 또 다른 독립적인 자살 조력자 1인 이상과 협의하고, 해당 자살 조력자로부터 (a)부터 (d)까지의 주의의무 요건을 충족했는지 여부에 대한 서면 의견을 받아야 한다.

f. 자살 조력이 전문적인 방식으로 제공되도록 보장해야 한다.[197]

시행 후, 조력자는 시(市) 검시관에게 신고해 요건 충족 과정을 소명해야 한다. 검시관은 요청자가 어떤 방식과 수단으로 생을 마감했는지를 확인하고, 조력자의 사유서가 올바르게 작성되었는지 점검한다. 이어 검시관은 자살 조력에 대한 보고서를 작성하여, 관련 문서(자살 조력자의 사유서 및 독립된 제3의 자살 조력자의 서면 의견서)를 첨부한 뒤, 이를 안락사법에 따라 설치된 5개 지역 안락사 심의위원회 중 하나에 제출하게 된다.[198]

심의위원회는 자살 조력자, 윤리학자, 변호사(의장)로 구성되며, 보고서를 검토해 조력자가 적정 주의의무 요건을 준수했는지 판단하여 서면 의견을 제공하게 된다. 요건 충족 시, 자살 조력자에게 통보하여 사건을 종결하고, 미충족 시에는 검찰과 보건감독청에도 결과를 통지한다. 검찰은 형사 절차 개시 여부를, 보건감독청은 별도 조치 필요성을 결정한다.[199]

이 시민 발의안은 구조상 안락사법을 모델로 삼았지만 다음과 같은 차이점이 있다. 신청자는 오직 70세 이상이어야 한다. 안락사법과 달리, 시민 발의안에서는 요청이 지속적이며 서면으로 제출되어야 한다는 요건을 명시하고 있다. 또한 자살 조력자가 반드시 의사일 필요는 없다. 자살 조력 사례가 보고되면, 인증을 받은 또 다른 자살 조력자가 지역 안락사 심의위원회의 일원으로 참여하게 된다. 마지막으로 적정 주의의무 요건이 약간 다르다. 의학적으로 분류 가능한 질환으로 인한 절망적이고 참을 수 없는 고통은 필수 요건이 아니다. 자살 조력자는 고령자에게 그들의 상태나 전망에 대해 설명하거나, 그 상황에 대한 다른 합리적인 해결책이 존재하지 않는다는 결론을 (당사자와 함께) 내려야 할 의무도 없다.[200]

3. 슈나벨 위원회(2016)

2010년 5월 시민발의안이 의회에 제출되었을 때, 지지 서명 수는 116,871명에 달했다. 2011년 2월, 의회 안전·사법 위원회와 보건·복지·체육 위원회는 발의 대표자들과 공개 간담회를 열었다. 같은 해 의회는 학계, 언론계, 유경험자lay experts, 시민단체 등 다양한 이해관계자를 상대로 청문회도 실시했다. 시민발의안은 2012년 3월 본회의에서 정식으로 논의됐다.[201]

그러나 의회는 결국 추가 논의를 진행하지 않기로 결정했다. 그 대신 정부에 추가 연구를 요청하는 결의를 채택했다. 이에 따라 2014년 7월, 보건부 장관과 법무부 장관은 "삶이 완결되었다고 느끼는 사람이 자살 조력을 받을 수 있는 사회적·법적 가능성"을 자문하기 위해 위원회를 구성했다.[202] 위원회는 의장 폴 슈나벨Paul Schnabel의 이름을 따 슈나벨 위원회로 불리며, 2016년 2월 권고안을 발표했다.[203]

이 위원회는 시민발의안 자체를 심의하라는 임무를 받은 것은 아니었다. 대신 다음과 같은 연구 과제를 부여받았다. "자신의 삶이 완결되었다고 여길 때 조력받아 죽음을 맞이하고자 하는 네덜란드 국민이 증가하는 상황에서, 자기결정권을 확대할 방안을 어떻게 마련할 수 있는가?"[204] 거기에 더해 "남용을 방지하고 사람들이 안전하다고 느끼게 하는 것이 필수적"이라고 명시되었다.[205]

이 사안과 관련한 공적, 정치적 논의에서는 '완결된 삶completed life', '삶이 다했다done with living', '삶이 고통스럽다suffering from life',

'삶에 지쳤다tired of life', '자발적 안락사voluntary euthanasia', '스스로 택한 죽음self-chosen death' 등 다양한 용어가 사용된다. 위원회는 먼저 '완결된 삶'의 특징을 정리한 뒤, 이 문제가 "일반적으로 고령층에 해당하며, 그들 스스로 앞으로 기대할 것이 없다고 느끼기에 지속적이고 적극적인 죽음의 의지를 갖게 된 경우"라고 규정했다.[206]

슈나벨 위원회는 여러 하위 질문들에 대한 분석을 독립 연구자들에게 의뢰하여, 연구 결과를 바탕으로 다음 네 가지로 '완결된 삶' 유형을 구분했다. 1)안락사법의 적용 범위 내에 있는 상황, 즉 고통이 주로 의학적 질환으로 인해 발생하는 경우, 2)고통이 의학적 질환에 기인한 것인지가 불분명하여 '경계 사례borderline cases'로 간주되는 상황, 3)의학적 요인 없는 고통의 경우, 4)고통 자체가 없는 경우.[207]

슈나벨 위원회는 실증적 연구를 의뢰하지 않았기 때문에, 삶이 '완결되었다'고 느끼며 그에 따라 적극적으로 죽음을 바라는 사람들의 수는, 특히 그 바람이 의학적 문제와 무관한 경우에는 아마도 매우 적을 것이라고 전제하였다. 위원회는 많은 경우 이러한 바람이 의학적 질환에 근거하며, 의료적 요인과 비의료적 요인이 복합적으로 작용해 안락사법상의 의미에서 '참기 어렵고 회복 불가능한 고통'에 이르게 되는 것이라고 추정하였다. 다시 말해, 삶에 고통을 느끼며 '완결되었다'고 여기는 대부분의 사람들은 첫 번째 범주에 해당하며, 이들은 (청구권이 있는 것은 아니지만) 안락사법을 근거로 안락사를 요청할 수 있다는 것이다. 두 번째 범주에 해당하는 사람들의 경우, 안락사법이 적용 가능한지 여부와 그 범위는 지역 안락사 심의위원회가 판단할 일이라고 슈나벨 위원회는 보았다. 반면, 세 번째 및 네 번째 범주로 분류될 수 있는 사람들의 수는 법적으로 자살 조력의 가능성을 확대할 정당한 근거가 될 만큼 충분히 많지 않을 것으로 판단하였다.[208]

슈나벨 위원회는 '완결된 삶'과 관련된 대부분의 문제들이 현행 안락사법의 틀 안에서 충분히 해결 가능하다고 판단했다. 위원회는 이 법이 제대로 기능하고 있으며, 그 목적을 충실히 수행하고 있다고 평가하였다. 안락사법은 충분한 주의의무 아래 시행되고 있으며, 의사들 사이에서도 폭넓은 지지를 얻고 있다. 대부분의 의사들이 안락사 및 자살 조력 사례를 보고하고 있어 해당 행위는 투명하고 평가 가능한 상태로 유지되고 있다. 또한 이 문제가 생명과 죽음에 관련된 사안인 만큼, 위원회는 의사의 개입이 필수적이라고 판단하였다. 환자의 요청이 자발적이고 신중하게 이루어진 것인지, 대안은 존재하지 않는지, 안락사나 자살 조력이 안전하고 신중하게 시행될 수 있는지를 평가하려면, 의학적 전문성을 가진 의사의 참여가 반드시 필요하다는 것이다.[209]

결국 위원회는 자살 조력에 대한 법적 가능성을 추가로 확대하는 것은 바람직하지 않다고 결론지었다. 그럴 필요도 없고, 새로운 입법은 오히려 투명하고 신중하게 시행되고 있는 현재의 실무 관행에 부정적인 영향을 미칠 수 있다는 이유에서였다.[210]

4. 디이크스트라 의원의 법안(2020)

슈나벨 위원회는 자신들의 주장을 뒷받침할 실증적 연구를 수행하지 않았다. 그러나 보건부 장관의 의뢰로 구성된 또 다른 위원회, 반 바이인가르던 위원회Van Wijngaarden committee(역시 위원장 이름을 따 명명됨)는 실증 조사를 실시했다. 이 위원회는 예상 숫자(세 번째 및 네 번째 범주로 분류될 수 있는 사람들의 수)가 실제로도 매우 적다는 사실을 밝혀냈다. 2019년에 실시된 설문조사(만 55세 이상 성인 32,477명을 표본으로 함. 당시 네덜란드의 해당 연령대 인구수는 560만 명이었으며, 설문에 응답한 인원은 21,294명이었다)를 바탕으로, 이 위원회는 75세 이상 인구 중 약 1,700명만이 지속적이고 적극적으로 생의 마감을 바라는 욕구를 지닌 것으로 추정했다.[211] 이처럼 극히 적은 수치에도 불구하고, 사회자유당 소속 의원social liberal MP 피아 디이크스트라Pia Dijkstra는 관련 법안을 발의했다.

네덜란드에서는 일반적으로 정부가 새로운 법안을 제안하지만, 모든 의원에게도 제안권이 있다. 시민발의가 정부 법안으로 이어지지 않자, 디이크스트라 의원은 2020년 7월 『고령자 삶 마감 상담법End-of-Life Counseling of the Elderly Act』 초안을 의회에 제출했다.[212] 예상대로 이 법안의 모델은 기존 안락사법이며, 형법 제294조(자살방조죄)에 제3항을 추가할 것을 제안하고 있다.[213] 실제로 개정된다면 조문은 다음과 같이 된다.

제294조 (자살 교사·방조)

1. 다른 사람을 자살하도록 고의로 교사하여 실제 자살에 이르

게 한 자는 3년 이하 징역 또는 제4급 벌금에 처한다.

2. 다른 사람의 자살을 고의로 방조하거나 그 수단을 제공하여 실제 자살에 이르게 한 자는 3년 이하 징역 또는 제4급 벌금에 처한다. 제293조 2항을 준용한다.

3. 제2항에서 언급된 행위 중 자살 수단 제공은, 『고령자 삶 마감 상담법』에 따른 삶 마감 상담인end-of-life counselor이 동법 제2조의 적정 주의의무 요건을 준수하고, 『매장 및 화장법』 제7a조 b항에 따라 시(市) 검시관에게 신고한 경우에는 처벌하지 아니한다(개정시 추가되는 조항).

이 법안은 고령자(만 75세 이상)를 위한 제도 설립을 목표로 한다.[214] 여기서 '삶 마감 상담인'은 새로 도입될 직업군으로서, 의사, 간호사, 심리치료사, 임상심리사일 수 있으나, 보건부 장관이 추후 규정할 추가적인 교육 요건을 충족해야 한다. 자격을 갖춘 후에는 보건부가 관리하는 의료 전문가 등록부에 등재되어야 한다.[215]

이 법안과 기존 안락사법과의 유사성은 놀라울 정도다. 삶 마감 상담인이 자살 방조를 고려할 때 지켜야 할 적정 주의의무 요건은 제안된 법안 제2조에 상세히 규정되어 있다.

제2조 (적정 주의의무 요건)

형법 제294조 3항에 따라 삶 마감 상담인은 다음의 사항을 충족해야 한다.

 a. (h항에서 언급한) 진술서를 접수한 시점에서, 신청인이 네덜란드 국적을 가졌거나 적어도 2년 이상 네덜란드에 거주해왔음을 확인해야 한다.

b. 신청인이 가족 또는 가까운 사람에게 요청 사실을 알 렸는지 확인하고, 가능하다면 알리도록 권고해야 한다.

c. 신청인이 동의한다면 주치의와 상담해야 한다.

d. 요청이 자발적이며, 신중하고, 지속적임을 확신해야 하며, 이를 위해 최소 두 달 간격으로 반복 면담해야 한다.

e. 요청 배경상 다른 도움이 바람직하지 않다는 점을 신청인과 함께 확신해야 한다.

f. 신청인이 합리적 판단 능력을 가진 고령자임을 확인하고, 서면 또는 영상으로 남긴 최신 요청서를 받아야 한다.

g. 조력 자살의 내용·절차를 충분히 설명해야 한다.

h. 또 다른 독립적인 '삶 마감 상담인' 1인 이상이 신청인을 면담하고 (a)~(g)항의 충족 여부를 서면 의견으로 제시해야 한다.

i. 조력 자살은 전문적인 방식으로 시행되도록 보장되어야 하며, 여기에는 '고령자 삶 마감 상담법' 제3장의 규정(제4조 제2항은 제외)을 반드시 준수하는 것이 포함된다.[216]

이러한 요건이 충족되면 상담인과 신청인은 자살 실시 시점을 합의한다.[217] 해당 시점에 상담인은 필요 약물을 제공하고[218] 자살 현장에 반드시 입회해야 한다.[219]

또한 『매장 및 화장법』도 개정되어, 『안락사법』에 따라 생명 종료나 자살 조력을 시행한 의사가 따르는 신고 절차와 동일한 절차를 따르도록 했다.²²⁰ 이후 시청 소속 검시관이 관할 지역의 안락사 심의위원회에 이를 통보하며²²¹ 위원회는 『안락사법』에 명시된 방식에 따라 사안을 심의한다.²²² 단, 위원회의 구성은 다소 다르다. 등록된 삶 마감 상담인이 의사를 대신하게 된다.²²³ 마지막으로, 심의위원회가 상담인이 제안된 법의 적정 주의의무 요건을 준수하지 않았다고 판단할 경우에만 검찰청과 보건의료감독청에 해당 사실이 통보된다.²²⁴

디이크스트라 의원 법안은 시민발의안을 정교화한 것으로, 동반 설명서에 수차례 시민발의를 인용한다. 목표는 "삶이 완결되었다"고 여기는 고령자에게 조력 자살의 법적 가능성을 넓히는 것이다.²²⁵ 법안은 여러 원칙들(생명 존중, 삶의 질, 존엄한 죽음, 연대, 연민, 관용)에 기반한다고 하나, 핵심은 자기결정권이다. 설명서는 다음과 같이 밝힌다.

> "이 법안의 기본 전제는 원칙적으로 모든 사람이 자신이 원하는 대로 삶을 조직할 자유를 가져야 한다는 것이다. 이는 단지 자신의 삶을 스스로 설계하는 데 그치지 않고, 예컨대 자기 신체에 대한 결정권, 더 나아가 자기 삶에 대한 결정권을 갖는 것도 포함한다. 결국 삶은 신체와 불가분의 관계에 있기 때문이다. 이 권리는 또한 삶의 마지막 단계, 곧 자신의 죽음에 대해서도 스스로 결정할 수 있는 권리를 포함한다. 누구에게나 삶을 멈출 권리가 있으며, 반대로 누구도 살아야 할 의무, 생을 지속해야 할 의무는 없다. 노인들 역시 이러한 자기결정권을 (…) '스스로 선택한 죽음'과 연결짓는다."²²⁶

이러한 기본 전제는 『안락사법』과는 공유되지 않는다. 그러나 존엄한 죽음은 타인의, 더 나아가 사회 전체의 개입 없이 이루어질 수 없기에, 디이크스트라 의원은 자기결정권이나 자율성을 단지 노인의 개인적 이익에만 국한된 절대적인 원칙으로 제시하지 않는다. 첨부된 설명서에서도 자율성은 타인이 반드시 충족해주어야 하는 청구 가능한 권리로 제시되지 않는다. 따라서 권리로서의 자기결정권은 타인이나 정부가 자살을 도와야 할 의무로 이어지지 않는다. 디이크스트라 의원의 법안이 통과되더라도 『고령자 삶 마감 상담법』은 자살에 대한 도움을 받을 수 있는 권리를 창설하는 것은 아니며, 이 점에서 『안락사법』과 공통점을 갖는다.[227]

다. 자율적 경로

네덜란드의 안락사 논의에서 안락사법이 제시하는 규제 모델은 거의 피할 수 없는 틀로 자리잡았다. 다른 규제 방식을 상상하는 것이 불가능해 보일 정도로, 어떤 방식으로든 늘 이 모델을 따르게 된다. 그럼에도 불구하고, 이 모델을 참조하는 것이 모든 사람에게 자연스러운 일은 아니다. 특히 자율성을 유일하게 중요한 원칙으로 전제하는 사람들에게는 더욱 그렇다.

'최후의 의지 협동조합'Coöperatie Laatste Wil'(회원 약 2만 2,000명)은 이러한 자율성을 적극 주장하는 네덜란드 단체이다. 정관에 따르면, 이 협동조합의 주요 목적은 다음과 같다. "조합원들에게 '마지막 의지 물질last-will substances'을 제공함으로써, 조합원이 스스로의 선택으로, 스스로의 손으로, 스스로 정한 시점에, 제3자의 검증 없이, 법을 어길 필요도 없이 생을 마감할 수 있도록 한다."[228] 이 협동조합은 "안전하고, 인도적이며, 합법적인 수단을 확보하고, 자율적 경로 autonomous route를 취할 수 있는 개방성과 투명성이 확보된 분위기를 조성"하는 데 관심이 있다고 주장한다.[229]

이 협동조합은 2013년 설립 이후 주로 형법 제294조 2항(자살 방조 금지) 폐지를 주장해 왔다. 그런데 2017년 9월, 조합은 자살에 매우 적합하다고 판단되는 특정 분말을 알아냈다고 발표했다. 해당 물질은 전혀 다른 용도로 제조된 자유롭게 구입 가능하며, 물질의 이름은 공개하지 않았으나 단 2그램이면 충분하다고 덧붙였다.[230] 발표 직후 수만 명이 조합에 연락했고, 그중 처음 1,000명에게는 2018년 4월 중으로 이 치명적인 가루('Drug X'로 알려진, 추정컨대 ○○○○*)가 발송될 예정이었다.

이 발표는 큰 비판을 불러일으켰다. 특히 19세 여성이 협동조합이 제공한 정보를 바탕으로 인터넷에서 구매한 것으로 보이는 가루를 사용해 스스로 목숨을 끊은 사건 이후, 논란은 더욱 커졌다.[231] 2018년 3월, 협동조합은 실제로 일부 회원들이 이 가루를 구매하여 다른 회원들에게 배포할 의도를 갖고 있다고 보고했다. 개인별 용량을 주문한 회원에게 약물을 가정 내에서 보관할 수 있는 특수 금고의 판매를 안내하기도 했다.[232] 예상대로라면 가까운 시일 내 약 1,000명이 이 치사약을 소지하게 됨을 알게 된 검찰은 조합의 행위에 대한 수사에 착수했다. 아울러 해당 단체에 즉각적인 활동 중단을 강력히 권고했다.[233] 협동조합은 2018년 3월, 해당 물

---

* 원서에서는 추정 물질을 명기했지만, 한국어판에서는 편집회의 끝에 삭제하기로 했다.

질의 구매를 중단하겠다는 입장을 밝혔고, 형사처벌의 위험을 감수할 수 없다며 치명적 가루에 대한 정보 제공도 중단했다.[234]

조합은 이후 회원들에게 안락사 물질 및 입수 방법에 관한 정보만 공유하는 수준으로 활동을 축소했으나, 2021년 소속 회원 3명이 자살 방조용 치사약을 공급한 혐의로 체포됐다.[235] 2023년 7월 18일, 이들 중 한 명인 알렉스 S.$^{Alex\ S.}$는 징역 3년 6개월의 실형을 선고받았으며, 이 중 18개월은 집행유예, 나머지 2년은 보호관찰 기간이었다.[236] 지방법원은 알렉스 S.가 "영리적 방식으로$^{businesslike\ manner}$" 약물 X를 유통했다고 판단했다.[237] 2018~2021년 사이 그는 약 1,600명에게 해당 물질을 판매했고, 그중 최소 10명은 실제로 이를 사용해 생을 마쳤다. 재판부는 알렉스 S.가 "타인의 생명을 경시하여 인간 생명의 가치를 훼손했다"며, "은밀한 거래로 인해 사회에 치명적 약물이 대량 유통되었고, 사용에 대한 감독·통제가 전혀 불가능해졌다"고 질타했다.[238]

2022년, '최후의 의지 협동조합'은 국가를 상대로 민사 소송도 제기했다. 협동조합측 변호인단은 유럽인권협약 제8조(사생활권)를 근거로 "자살 방조 전면 금지는 위헌·위법"이라 주장했다. 그러나 2022년 12월 14일, 지방법원은 다음과 같이 판결했다.

> "형법 제294조 제2항 및 그와 연계된 안락사법의 절차는, 한편으로는 자살 방조에 대한 형사법상 금지가 보호하고자 하는 "사회적 이익(생명 보호, 남용 방지 및 취약자 보호)"과, 다른 한편으로는 참을 수 없고 회복 불가능한 고통을 겪는 경우 의사로부터 자살에 대한 도움을 받을 수 있는 "개인의 이익" 사이에서 국가가 신중한 균형("공정한 균형

fair balance")을 이룬 것으로 판단된다."[239]

따라서 안락사법과 결합된 형법 제294조 제2항의 자살 방조 금지는 과도한 것으로 간주되지 않았다. 이에 따라 법원은 국가가 해당 금지 조항을 전면적으로 집행한 것이 협동조합 및 그 지지자들에 대한 위법한 행위라고 볼 수 없다고 판단하였다. 안락사법이 적용되지 않는 사람들의 경우, 유럽인권협약 제8조가 보호하는 사생활 존중권에 대한 침해가 있다고 하더라도, 법원은 그러한 침해가 동 협약 제8조 제2항(생명권 보호 등)에 근거하여 정당화될 수 있다고 보았다.[240]

라. 예비적 고찰 몇 가지 더

네덜란드 자발적 안락사협회Dutch Voluntary Euthanasia Association, '최후의 의지 협동조합' 같은 단체의 회원 수와 '자유의지' 시민발의가 모은 서명 수(약 11만 7천여 명)를 보면, 많은 이들이 현행 안락사법이 제공하는 선택지를 충분치 않다고 여기고 있음을 알 수 있다. 1990년대 초부터 네덜란드에서는 안락사 입법의 원칙을 둘러싼 논의가 이어져 왔으며, '특권적 연민privileged compassion'이 아니라 개인적 자율성personal autonomy을 입법의 핵심 원칙guiding principle으로 삼아야 한다고 주장하는 이들도 있다. 그러나 지금까지 법원과 정책 입안자들은 이러한 자율성 논리에 거의 호응하지 않았다. 알

베르트 헤링하는 자살 방조 혐의로 유죄 판결을 받았고, 시민발의는 입법으로 이어지지 않았으며, 검찰은 '최후의 의지 협동조합'의 활동을 면밀히 감시하고 있다. 피아 디이크스트라 의원의 법안 역시 실제로 입법화될지는 미지수다. 반면 안락사를 특권적 연민의 행위로 보는 관점은 오히려 제도적 승인을 받아 왔고, 그 결과 안락사법이라는 규범 모델이 기본권과는 극히 양립하기 어려운 방식으로 적용되거나 적용될 조짐을 보이고 있다.

'자율적 경로'를 옹호하는 소수 의견을 제외하면, 자살 방조의 비범죄화를 더 확대하자는 입장을 지지하는 이들은 규제 개념의 유추적 적용을 통해 주장을 펼쳐 왔다. 즉, 관련 규정이 형법 안에 포함되어 있고, 적정 주의의무 요건이 충족되어야 하며, 전문가 위원회의 보고 및 심사 절차가 마련되어 있다는 점에서 유사하게 적용할 수 있다는 것이다. 디이크스트라 의원이 제안한 법안이 새로운 상상력을 보여 주지는 못하더라도, 안락사법이라는 성공적 선례를 가장 충실히 따르고 있음은 분명하다. 기본권 보호 측면에서도 그틀을 충족한다. 헌법적으로 보았을 때, 국가는 자살 방조를 허용할 의무를 지지 않는다. 신체의 불가침성과 사생활의 존중은 네덜란드 헌법에 의해 보장된 기본권이지만, 이들 조항은 자살 방조를 허용하기로 결정했을 경우 이를 어떻게 규율해야 하는지를 구체적으로 명시하지는 않는다. 다만, 제한은 반드시 법률에 의해, 혹은 법률에 근거해 이루어져야 한다는 점만을 규정한다. 따라서 디이크스트라 의원의 법안이 통과된다면, 이 요건은 충족하게 될 것이다.

이 문제에 대한 유럽인권협약의 제약은 더 헐겁다. 스위스 하스 사건Haas v. Switzerland 판례에서 유럽인권재판소는 "언제·어떻게 죽을

4장 비의료인에 의한 안락사 105

지 결정할 권리"가 제8조 사생활권의 한 요소임을 인정했다. 물론 이 권리에 대한 제한도 허용되지만, 그러한 제한은 법률에 근거해야 한다(즉, 해당 제한이 충분히 인식 가능하고 예측 가능해야 한다). 또한 민주사회에서 필요하다고 인정될 때만 허용되며, 이는 사회적으로 긴급한 필요를 충족하고, 비례성과 적절성을 갖추어야 하며, 유럽인권협약 제8조 제2항에 언급된 정당한 목적(타인의 권리와 자유 보호 등)을 달성하는 데 부합해야 한다. 이러한 목적을 달성하기 위해 민주사회에서 필요한 것이 무엇인지 판단함에 있어, 유럽인권재판소는 해당 기본권의 범위나 그 제한에 대해 회원국 간의 합의를 확인할 수 없을 경우, 회원국에게 상당히 넓은 재량의 폭을 허용한다. 자살 방조에 대한 기존 판례를 고려해 봐도, 그 재량의 범위는 넓을 것으로 예상되므로, 디이크스트라가 제안한 『고령자 삶 마감 상담법』은 유럽인권협약과 충돌하지 않을 가능성이 높다. 다만 국가는 언제, 어떻게 죽을지를 결정할 능력이 없는 사람들의 생명을 보호해야 할 의무를 다해야 하며, 이 조건은 기존 안락사법에도 동일하게 적용된다.

네덜란드 왕립의사회[KNMG]는 시민발의와 디이크스트라 법안 모두에 호의적이지 않았다. 특히 '고령자 삶 마감 상담법(안)'에 대해서는 "현행 안락사법과의 관계"를 우려했다.[241] 왕립의사회는 새 법안이 기존 안락사 실무를 잠식할 수 있다고 본다. 75세 이상 고령자가 굳이 안락사법 절차를 거칠 이유가 줄어들 것이고, 의학적 이유로 '참을 수 없고 희망 없는 고통'을 겪는 노인들 또한 새 법안의 절차를 선택하지 않을 이유가 없기 때문이다.

5. 연령 관련 조건들

2016년, 슈나벨 위원회는 '삶이 완결되었다'고 느끼는 사람에게 자살 조력을 허용하는 새로운 법률 도입에 반대했다. 위원회는 고통을 겪으며 삶이 완결되었다고 판단하는 대부분의 사람이 이미 『안락사법』을 근거로 도움을 청할 수 있다고 보았다. 이들이 죽음을 원하는 이유가 대체로 의학적 문제와 비의학적 문제가 결합되어, 『안락사법』이 규정하는 '희망이 없고 견딜 수 없는 고통'에 이르기 때문이라는 것이다. 또한 고통이 과연 의학적으로 분류 가능한 질병이나 장애에서 '주로predominantly' 비롯된 것인지 의문이 있을 경우, 『안락사법』의 적용 범위를 판단하는 책임이 안락사 심의위원회에 있다고 밝혔다(4장.나.3절).

그렇다면 슈나벨 위원회의 이러한 가정은 타당했을까? 그리고 '의학적으로 분류 가능한 질병이나 장애로 인해 주로 발생한 고통'은 정확히 무엇을 의미하는가? 이제 다중 노년 증후군multiple geriatric syndromes을 겪는 환자들의 안락사 신고와 관련하여, 심의위원회가 취해 온 정책과 실무를 살펴보자.

가. 열렬한 독서가

2010년, '완결된 삶 completed life' 문제로 시민사회 논쟁이 격화되던 시기에, 지역 안락사 심의위원회들은 매우 흥미로운 판정을 여러 건 내렸다.[242] 그 가운데 하나는 86세 여성에 관한 신고였다.[243] 이 여성은 혼자 자택에서 살았고, 인터넷과 이메일을 사용했으며 철학·정치·예술 서적을 읽는 일을 무척 즐겼다. 그러나 신체가 점차 쇠약해지면서 삶에 의미를 부여하던 활동들을 더 이상 할 수 없게 되었다. 수년 전부터 시력이 급격히 나빠졌고, 청각도 약화되었으며, 현기증과 요실금에 시달렸다. 그녀는 "육체라는 감옥"에 갇혀 있다고 느꼈고, 생의 종결을 해방으로 보았다. 그녀는 자신의 삶이 완결되었다고 말했으며 보고서에 따르면, "삶 자체의 고통 suffering from life"을 이유로 스스로 생을 마감하거나 누군가가 그 삶을 끝내주기를 원했다.[244]

심의위원회는 보고서를 접수한 뒤 해당 안락사를 실시한 의사를 불러 구두 설명을 들었다. 당시 의사는 "삶 자체의 고통"이라는 표현을 보고서에 명시한 것은 "지금 돌이켜 보면 다소 경솔했다"고 말했다. 그러면서 이어진 진술은 다음과 같았다. "환자의 고통은 신체적 퇴행에서 비롯되었고, 그 결과 환자는 타인에 대한 의존도가 점점 높아졌다. 시력 악화는 황반변성 때문이었는데, 눈의 상태가 불안정했고 짧은 기간에 시력이 크게 떨어졌다." 의사는 바로 이 황반변성이 환자의 안락사 요청에 응하기로 결정한 이유라고 설명했다.[245]

심의위원회는 이 사례가 '완결된 삶'에 해당하는지 여부를 집중적으로 논의했다. 특히 환자의 고통이 의학적 질환에서 비롯된 것인지 검토하며 다음과 같이 밝혔다. "환자의 상황은 의학적·윤리적 기준에 따라 '고통'으로 규정될 수 있어야 한다. 즉, 고통에는 의학적 차원이 있어야 한다. (…) 의사는 의학적 맥락이 아닌 고통에 대해서는 판단할 수 없다. 그런 고통은 의사의 전문 영역 밖에 있다."[246]

이 때문에 심의위원회는 대법원의 분류 기준classification requirement을 참조했다. 환자에 따르면 고통은 주로 시력 손실에서 비롯되었고, 가장 큰 어려움은 자율성 상실, 즉 시력이 나빠질수록 타인에게 더 의존하게 된다는 점이었다. 심의위원회는 황반변성을 의학적으로 분류 가능한, 치료 불가능 질환으로 보았다. 따라서 환자는 희망이 없는hopeless 고통을 겪고 있었다고 결론지었다. 이에 따라 심의위원회는 이 사례가 '완결된 삶' 상황에 해당하지 않는다고 판단했다. 즉, 의사의 행위는 의료 영역 안에 있었다는 것이다. 고령, 배경, 성격 등을 고려할 때 이 질환은 환자에게 참을 수 없는 고통을 초래했다. 위원회는 고통의 참을 수 없음은 항상 개인적 경험에 달려 있으며, 위원회는 이를 신중히 평가해야 한다고 강조했다. 이 사례에서 의사는 환자의 고통이 희망 없고 참을 수 없음을 합리적으로 판단할 수 있었다.[247]

이 사실관계는 브롱허르스마 사건(1장.나.7절 참조)과 상당히 유사하지만 모든 적정 주의의무 요건을 충족했다는 점이 다르다. 전 상원의원 브롱허르스마 역시 다양한 연령 관련 질환을 앓았다. 골다공증·현기증·요실금은 생명을 직접 위협하지는 않지만, 고통의 의료적 근거로 해석될 수 있다. 그럼에도 그의 고통은 두 번째 법정 요건(환자의 고통이 참을 수 없고, 회복 또는 개선의 전망이 없어야 한다는 요건)을 충족하지 못했는데, 그 이유는 그의 고통이 '의학적으로 분류 가능한 질병 또는 장애에 의해 주로 발생한 것'으로는 간주되지 않았기 때문이다. 반면 86세 여성의 고통은 이 요건을 충족했다. 오늘날 심의위원회가 브롱허르스마 사건을 심사한다면, 그의 고통 역시 '의학적으로 분류 가능한 질환이 주된 원인'으로 인정될 가능성이 크다. 헤링하 사건의 99세 계모도 같은 판단을 받을 것이다. 그렇다면 브롱허르스마 판결(대법원의 2002년 판결) 이후 어떤 변화가 있었던 것일까?

나. 연령 관련 질환의 축적과 고통의 여러 차원

노년층은 어지럼증, 골다공증, 요실금 등과 같이 고령 그 자체 외에는 특별한 원인이 없는 질환으로 치료를 받는 경우가 빈번하다. 이러한 연령 관련 질환으로 인한 고통은 거의 정의상^{almost by definition} 희망 없는 고통이라 할 수 있다. 그러나 이러한 고통을 참을 수 없는 것으로 판단하려면 무엇이 필요할까?

시민발의가 촉발한 논쟁에 대한 대응의 일환으로, 네덜란드 왕립의사회^{KNMG}는 2011년에 의사가 '자발적 생명 종결'에 관여할 때의 역할을 다룬 입장문을 발표했다.[248] 이 문서는 두 가지 이유로 중요하다. 첫째, 안락사법의 적용 범위와 관련해 "연령 관련 질환의 축적accumulation of age-related conditions"을 언급했다. 네덜란드 왕립의사회는 다음과 같이 주장했다. "기능 상실을 포함한 연령 관련 질환의 축적으로 인해 상태가 점차 악화되면서, 안락사법이 말하는 참을 수 없고 희망 없는 고통이 발생할 수 있다. 다만 항상 의학적 근거—질환·장애·복합 질환 등으로 식별 가능한 상태—가 존재해야 하며, 이는 의사의 전문 영역에 속한다.[249]

둘째, 네덜란드 왕립의사회는 고통의 다양한 '차원dimensions'을 구분했다. 연구와 신고 사례를 보면, 안락사는 주로 신체적somatic 고통이 참을 수 없다고 판단될 때 발생한다. 이는 의사들이 고통의 참을 수 없음 여부를 평가할 때 실제로 신체적 고통에 가장 큰 비중을 둔다는 뜻이다. 그러나 네덜란드 왕립의사회는 정신적·심리사회적·영적 호소 역시 고통의 차원에 포함되며, 이는 완화의료로 예방·경감되어야 한다고 보았다. 따라서 심리사회적·실존적 고통도 의료 영역에 포함될 수 있다.[250]

입장문에서 왕립의사회는 의사들이 앞으로 "더 연약하고, 더 오래 살고, 집에 머물길 원하는" 노인을 훨씬 자주 마주하게 될 것이라고 전망했다. 2011년 당시 네덜란드에는 다중질환multimorbidity을 겪는 고령자가 약 100만 명이었고, 10년 내 150만 명(인구의 약 10%)으로 늘어날 것으로 예상했다.[251]

또한 많은 노인이 생명을 직접 위협하지는 않지만 취약성을 높이는 다양한 질환을 앓고 있다고 지적했다. 네덜란드 왕립의사회에 따르면, '취약성vulnerability', 혹은 '허약성frailty'이란 신체적 스트레스와 외부 위험에 대한 방어 능력이 여러 영역에서 동시에 약화된 상태를 의미하며, 이는 신체·정신 활력 저하를 포함한다. 게다가 다중질환은 우울증 위험을 높여 취약성을 더욱 가중한다. 취약성은 건강 문제와 그로 인한 제약뿐 아니라, 사회적 기술·경제적 자원·사회적 네트워크 정도에도 좌우된다. 취약성은 삶의 질과 회복 가능성에 영향을 미쳐 결국 참을 수 없고 희망 없는 고통으로 이어질 수 있다. 따라서 네덜란드 왕립의사회는 의사가 안락사 요청을 평가할 때 취약성 전반(외로움, 기능 상실, 자율성 상실 등)을 고려하는 것이 정당하다고 보았다.[252]

왕립의사회는 또한 "치명적이지는 않지만 점차 악화되는 경과를 보이며, 이로 인해 환자가 감당할 수 없는 삶의 상태에 놓이게 되고, 결과적으로 환자에게 견딜 수 없는 고통을 초래하는, 비선형적인non-linear 증상들의 복합성과 총합"에 대해서도 언급했다.[253] 이는 시간이 흐르면서 신체적 퇴행이 환자의 대처 능력을 넘어선 경우에 해당한다. 여기에 시각 장애, 청각 장애, 보행 곤란, 와병 상태, 극심한 피로감, 그리고 다양한 기타 증상과 합병증이 더해지면, 타인 의존성이 더욱 커진다. 그 결과 환자는 자신의 고통을 참기 어려운 것으로 인식하고, 자신의 존재가 무의미하다고 느끼게 된다. 이는 개인의 삶의 역사와 가치관에 비추어 봤을 때, 더 이상 스스로의 삶에 의미를 부여할 수 없는 상황에 놓이기를 원치 않기 때문이다. 네덜란드 왕립의사회는 이러한 사례들이 의료 영역과 긴밀히 연결되어 있으므로, 의사가 안락사를 시행하는 것은 안락사법상의 고통 요건을 충족한다고 확신했다.[254]

다. 고통의 본질

네덜란드 정부는 『안락사법』을 5년마다 평가할 법적 의무가 있다. 2012년에 실시된 두 번째 평가 연구에서는, 심의위원회가 매년 발간하는 연례보고서와 익명화된 판례에서 제공하는 정보, 특히 위원회가 적정 주의의무 요건을 어떻게 해석하고 적용하는지에 관한 정보를 『실무 지침서code of practice』를 통해 보다 쉽게 접근할 수 있도록 해야 한다는 권고가 포함되었다. 이에 따라 2015년에 해당 실무 지침이 마련되었으며, 이 지침서는 위원회가 안락사 신고를 심사할 때 중요하게 고려하는 요소들을 개괄적으로 제시하고 있다.[255]

2018년판 『안락사 규범Euthanasia Code』의 전신인 이 『실무 지침서』는 '완결된 삶' 문제에 큰 비중을 두지 않았다. 지침서 작성자들은 "환자의 참을 수 없는 고통이 의학적 상태medical condition에 기반해야 한다"는 점만 재확인했다.[256] 이어 "치명적이거나 중증 질환일 필요는 없으며, 고령에 따른 여러 증상의 누적 또한 참을 수 없고 희망 없는 고통을 초래할 수 있다고 결론지으며 네덜란드 왕립의사회 입장문을 광범위하게 인용했다.[257]

이러한 관점은 2018년판 『안락사 규범』에서도 반복되었다.[258] 이 규범은 이와 관련하여 고려될 수 있는 고령 관련 퇴행성 질환의 예시 또한 제시했는데, 시력 저하, 청각 장애, 골다공증, 류마티스 관절염, 평형 장애, 인지 기능 저하 등이 그것이다. 규범 작성자들에 따르면, 이들 질환 중 하나 이상과 그로 인해 유발되는 증상의 총합이, 환자의 병력, 배경, 성격, 가치관, 대처 능력과 결합하여, 해당 환자에게 견딜 수 없고 희망 없는 것으로 인식될 수 있는 고통을 야기해야 한다는 것이다.[259] 그렇다면 실제로는 어떻게 적용되고 있을까?

『안락사 규범』에 따르면, 법률상 요구되는 고통 요건은 두 가지 측면으로 나뉜다. 첫째, 희망 없음[hopelessness]은 고통을 유발하는 질환·장애가 불치이고, 참을 수 없는 고통이 사라지도록 증상을 완화하는 것도 불가능할 때 충족된다. 의학적 판단이 결정적이므로 객관적 요소로 본다.[260] 둘째, 참을 수 없음[unbearableness]은 환자의 인식이 주된 기준이 되므로 주관적 요소로 본다.[261] 이런 참을 수 없음은 객관화하기 어렵기에, 심의위원회는 "의사가 그렇게 판단한 것이 이해 가능한지"를 평가한다.[262]

대법원은 브롱허르스마 판결에서 고통이 "의학적으로 분류 가능한 (신체적 또는 정신적) 질환·장애에서 상당 부분 유발되어야 한다"고 판시했다.[263] 이는 고통에 비의학적 원인도 포함될 수 있음을 시사한다. 또한 심사위원회의 지침에 따르면, 안락사법의 의미 내에서의 고통은 단일 질환이 아니라 복합 질환으로도 발생할 수 있다.[264] 생명을 직접 위협하지 않는 질환의 조합도 고통의 원인이 될 수 있으며[265] 이런 경향은 특히 고령자에게서 두드러진다. 따라서 "의학적으로 분류 가능한 질환·장애에서 상당 부분 유발된 고통"이 무엇을 의미하는지 이해하려면, 비의학적 요인이 함께 언급된 고령 환자 안락사 판결문들을 분석할 필요가 있다.[266]

1. 다중 노년 증후군

2013년부터 지역 안락사 심의위원회 합동 연례보고서에는 "다중 노년 증후군multiple geriatric syndromes"이 하나의 범주로 포함되었다(2장.가 참조).[267] 이 범주의 판례들은 고통의 원인에 비의학적 요소도 함께 존재하는 사례들을 정확히 다룬다. 2019년 8월 10일까지 지역 심의위원회 공동 웹사이트에 공개된 해당 범주의 판결은 총 49건이었는데, 이 가운데 단 한 건만이 "적정 주의의 무 요건 불충족" 결론을 내렸다.[268] 나머지 48건은 환자의 고통이 어떠한 성격을 띠는지 파악하기 위해 분석되었다.[269]

연례보고서에 따르면 2013년 1월 1일부터 2019년 1월 1일까지 "다중 노년 증후군"과 관련하여 접수된 안락사 신고는 총 1,433건이었다. 공개된 판결 49건은 2019년 8월 10일까지 이 범주에 등록된 전체 신고 건수에 비하면 극히 소수다. 이러한 판결문이 심의 실무를 얼마나 대표하는지는 명확하지 않다. 49건이라는 적은 수에도 불구하고 위원회가 이를 공개한 데에는 주목할 이유가 있었던 것으로 보인다. 다만 그 이유가 무엇인지는 대부분 명시되어 있지 않다.[270] 공개된 판정만이 연구자가 참고할 수 있는 전부라는 한계에도 불구하고, 추측건대 이 범주에 속한 판례의 절대 다수는 일반 대중의 관심을 받을 만한 사례는 아니었던 것으로 보인다.

표 1의 수치만 보아서는 "다중 노년 증후군" 범주의 연례 신고 건수에서 뚜렷한 추세를 확인할 수 없으며, 2013년 이후 비의학적 원인이나 '완결된 삶' 논리를 근거로 한 고령자 안락사 신고가 늘었다는 증거도 없다. 다만 표 1에 기재된 시기 이후, 즉 2019년부

터 이 범주의 신고가 증가해 2019년 217건, 2020년 235건, 2021년 307건을 기록했음을 주목해야 한다.[271] 2022년에는 379건(전체 신고의 4.3 %)으로[272] 사상 최대 건수를 기록했지만, 비율로는 최고치가 아니다.

만약 '완결된 삶'을 위한 안락사 수요가 실제로 존재한다면, 2019년 8월까지의 단순 건수로는 안락사법이 그 수요를 충족했다고 단언할 수 없다. 그러나 이것이 곧 안락사법이 해당 수요를 수용할 수 없음을 의미하지는 않는다. 『안락사법』이 '완결된 삶'을 위한 생명 종결 요청을 수용할 수 있는지, 그리고 어느 정도까지 수용 가능한지 알아보려면 공개된 판결문의 텍스트를 검토해야 한다. 어떤 결론을 도출할 수 있을까?

2019년 8월 10일까지, 적정 주의의무 요건을 충족했다고 판단된 사례들 중에서 판결문이 공개된 것은 단 48건에 불과했다. 연구자는 "환자의 고통의 성질Nature of the patient's suffering" 항목에 기술

표 1. 다중 노년 증후군의 비중

연도	다중 노년 증후군 근거 신고건수	전체 안락사 신고건수	비율 (%)
2013	251	4,829	5.5
2014	257	5,306	4.8
2015	183	5,516	3.3
2016	244	6,091	4.0
2017	293	6,585	4.4
2018	205	6,126	3.3
합계	1,433	34,453	4.2

된 제한된 사실적 정보에 의존할 수밖에 없다. 이 정보는 대체로 공개되지 않은 문서—검시관이 작성한 양식, 신고 의사의 보고서, 자문 의사 보고서, 유언장, 의무기록, 전문의 소견서—에서 추출된 것이다.

모든 공개 판결문에서 "환자의 고통의 성질" 항목은 두 부분으로 나뉜다. 첫 번째 부분은 대체로 "더 이상 호전될 수 없었다. 치료는 전적으로 완화적 성격$^{palliative\ nature}$의 것이었다"라는 결론으로 끝난다. 이는 고통의 객관적 측면(희망 없음)을 다루며, 의학적 상태를 묘사한다. 두 번째 부분은 대개 "환자의 고통은 …로 구성되어 있었다."라는 문장으로 시작해 "환자는 자신의 고통을 참을 수 없는 것으로 인식했다."라는 문장으로 끝나는 경우가 많다.

첫 번째 부분에서는 환자가 사망하기 전 겪고 있던 질병과 장애에 대한 요약이 제시된다. 여기에는 골다공증, 류머티즘 관절염, 심부전, 녹내장, 당뇨병성 망막병증 등과 같은 의학적으로 분류 가능한 질병과 장애가 포함된다. 이들은 그 자체로 생명을 위협하지는 않지만, 보통 고령과 연관되어 나타나는 질환들이다. 고통을 유발한 질병이나 장애는 의학적 용어로 기술된다.

그러나 작성자들은 의학 용어만을 사용하는 경우는 드물다. 첫 번째 부분에서는 "통증", "가슴 압박감", "시력 저하", "피로감", "와병 상태", "돌봄 의존", "운동성 제한", "활력 상실" 등의 용어가 거의 항상 함께 사용된다. 이러한 용어들은 질병과 장애의 직접적 또는 간접적 결과를 설명하기 위해 사용된다. 예를 들어, 시력 저하는 녹내장의 결과일 수 있으며, 와병 상태는 심한 요통의 결과일 수 있고, 이 요통은 다시 골다공증에 기인한 것일 수 있다.

보고된 결과(또는 증상)들이 이 항목의 두 번째 부분에만 언급되는 것이 논리적으로 보일 수 있다. 하지만 실제로는 첫 번째 부분에서도 기저 질병이나 장애뿐 아니라 그로 인한 결과들도 자주 함께 기술된다. 때때로 첫 번째 부분에 결과만 언급되고 근본 질환이 언급되지 않는 판정도 있다.[273] 이는 다수의 증후군이 존재함을 시사하기도 하지만[274] 동시에 어떤 질병이나 장애가 관련되어 있었는지가 명확하지 않았음을 의미할 수도 있다. 다시 말해, 원인이 구체적으로 밝혀지지 않았거나, 요실금^{incontinence}과 같은 경우*처럼 질환과 그에 따른 결과 사이의 구분이 일반적으로 이루어지지 않았을 수도 있다.[275] 결국 "환자의 고통의 성질" 두 부분은 내용이 어느 정도 중첩된다.

"통증", "돌봄 의존", "피로", "운동성 제한" 같은 요소는 두 번째 부분에도 등장하여 고통의 참을 수 없는 측면을 묘사한다. 이러한 요소는 거의 예외 없이, 고통을 악화시키는 상황에 대한 묘사와 함께 언급된다.

이런 "가중 상황$^{aggravating\ circumstances}$"은 다음과 같은 범주로 나뉜다(표 2. 참조).

1. **환자의 생애사, 혹은 성격**: "평생 매우 활동적이었다", "항상 독립적이었다", "스스로 삶을 통제해 왔다", "성격상 현재의 상황을 받아들일 수 없었다" 등.

---

* 요실금은 하나의 독립된 질병으로 분류되기도 하지만, 종종 다양한 기저 질환의 결과(증상)로 나타난다. 또한 요실금은 고령 환자에게서 흔하게 나타나기 때문에, 원인 질환을 명확히 밝히지 않은 상태에서 환자의 고통을 설명할 때나 질병과 그 결과의 구분이 모호한 사례를 설명할 때 대표적인 예시로 자주 등장한다.

표 2. 보고된 '참을 수 없는 고통'의 요인 및 상황의 비율

(총 48건의 판결 샘플 중에서)	판결 수	비율 (%)
통증 및 운동성 제한 등 신체적 요인	48	100
생애사, 혹은 성격	26	54
가치관	27	56
사회적 환경	22	46
체력과 전망	36	75
삶의 목적 의식	23	48

2. 환자의 가치관: "타인에게 의존하는 것 때문에 고통을 겪었다", "자신의 삶에 대한 통제력을 잃고 점점 더 타인에게 의존하게 되는 것을 받아들일 수 없다고 느꼈다", "자율성 상실로 참을 수 없이 고통스러웠다" 등.

3. 환자의 사회적 환경: "거의 외출하지 않았다", "사회적으로 고립되어 갔다" 등.

4. 환자의 체력과 전망: "추가 합병증에 대한 두려움으로 고통받았다", "요양원에 가고 싶어하지 않았다", "신체 기능의 추가적인 상실을 겪고 싶어하지 않았다" 등.

5. 환자의 삶의 목적 의식: "삶이 무의미하다고 느꼈다", "자신의 삶이 이미 완결되었다고 생각했다", "더 이상 삶을 지속할 이유를 찾지 못했다" 등.

분석 대상 48건 모두에서 '통증 및 운동성 제한 등'은 공통적으로 언급되었다. 가중 상황 가운데 가장 높은 비율을 차지한 항목은 체력과 전망(75%), 가치관(56%), 생애사, 혹은 성격(54%)

표 3. 보고된 '참을 수 없는 고통' 요인 및 상황의 범주 수

(총 48건의 판결 샘플 중에서)	판결 수	비율 (%)
1개 범주	2	4.2
2개 범주	4	8.3
3개 범주	10	20.8
4개 범주	21	43.7
5개 범주	9	18.8
6개 범주	2	4.2

순이었다. 삶의 목적 상실은 23건에서 언급되었다.

단 하나의 범주 요인만 언급한 사례는 2건뿐이며, '통증 및 이동성 제한 등'만이 언급되었다. 나머지 46건은 여러 범주 요인을 복합적으로 언급했다. 모든 범주 요인을 다 언급한 판정은 2건이었다(표 3. 참조).

결국 "다중 노년 증후군"이라는 용어는 다소 오해의 소지가 있다. 이 표현은 의학적으로 분류 가능한 질병이나 장애가 일정 수를 넘어서면, 법정 '고통' 요건이 충족된다는 인상을 준다. 즉, "최근에 진단된 퇴행성 질환이 낙타 등을 부러뜨리는 마지막 지푸라기"가 되어 안락사법 적용 대상이 되는 "임계점$^{tipping\ point}$"이 존재한다고 보이게 만든다.

하지만 공개된 판결들을 분석해 보면, 질환 수가 반드시 많을 필요는 없다. 일부 판정은 많은 증후군을 언급하지만, 몇 개만 언급된 경우도 있다. 즉, 질환의 수 자체가 결정적 요소는 아니다.

'적절한' 상황이 갖춰지면 단 하나의 증후군만으로도 요건이 충족될 수 있다. 고통이 "의학적으로 분류 가능한 단일 노년 증후군에 의해 상당 부분 야기"되었는지는 그 증후군 자체와 그에 따른 직간접적 결과뿐 아니라, 사례의 구체적 상황에 크게 좌우된다.

2. 두 가지 가상 사례

2019년 8월까지의 수치만으로는 삶이 이미 완결되었다고 느끼는 고령자에게 안락사법이 이미 충분한 "출구"를 제공하고 있다고 보기는 어렵다. 그러나 이것이 곧 안락사법이 그러한 출구가 될 잠재력조차 없다는 뜻은 아니다. 안락사법이 적용되려면, 대법원이 밝힌 대로 고통이 "의학적으로 분류 가능한 (신체적 또는 정신적) 질환 및 장애에 의해 주로 야기"되어야 한다. 다중 노년 증후군 사례에서 심의위원회가 이 기준을 적용해 온 방식을 보면, 해석의 여지가 상당히 넓어 보인다.

다음 두 가지 가상 사례를 통해 가능성을 탐색해 보자. 첫 번째 가상 사례는 이렇다. 고령의 남성이 노인성 난청^{presbycusis}으로 심각한 청력 손실을 겪기 시작한다. 머지않아 청력을 대부분(또는 전부) 잃을 전망이다. 의학적으로는 별다른 치료법도, 진행을 늦출 방법도 없다. 이 남성은 전문 음악가 출신으로, 삶 전부가 음악과 이를 둘러싼 사회적 관계에 기반해 있다. 그는 청력 악화로 극심한 고통을 겪는다. 음악 없는 삶은 그에게는 상상조차 할 수 없으며, 삶의 모든 의미가 사라진다. 청력을 완전히 잃을 가능성은 그에게 참을 수 없는 고통을 안겨 준다. 이 고통은 노인성 난청이 발병하기 전에는 존재하지 않았다. 다른 의학적 질환이 없는 그는 의사에게 자살을 도와달라고 요청한다.

그의 고통이 법적 요건을 충족할까? 직관적으로는, 많은 사람들이 동의하지 않을 것이다. 노인성 난청은 고령에 흔히 수반되는 단일 질환에 불과하기 때문이다. 그러나 이 사례의 구체적인 상황 또한 고려되어야 한다. 결국, 이 남성에게는 정상적인 청력 기능이 삶의 질을 유지하기 위한 필수 조건이기 때문이다. 따라서 정상적인 청력을 상실한 상태에서는 그의 삶이 전혀 의미 없다고 볼 수도 있을 것이다.

이제 두 번째 가상의 사례를 살펴보자. 한 고령의 여성이 건강함에도 불구하고 살아 있다는 사실 자체로 인해 고통을 겪고 있다. 이 여성은 전직 교사로, 결혼한 적도 없고 자녀도 없다. 더 이상 가족도 없으며, 가까운 친구들 역시 모두 세상을 떠났다. 그녀는 이제 더 이상 누구를 만나거나 대화하고 싶지도 않다. 그녀는 신체적으로는 독립적이고 건강하지만, 앞으로 닥쳐올 육체적·정신적 쇠퇴의 불가피함을 생각하며 깊은 고통을 느낀다. 그녀는 스스로 좋은 인생을 살았다고 여긴다. 모든 삶의 목표를 이뤘고, 이제 더는 이 삶을 이어갈 이유가 없다고 느낀다. 어느 날, 관절 통증으로 병원을 찾았다가 관절염 진단을 받는다. 다른 의학적 문제는 없지만, 그녀는 즉시 의사에게 자살 조력을 요청한다. 이 사례 역시 노년기에 흔히 나타나는 질환 중 단 하나만을 포함하고 있다.

심의위원회의 심사 기준에 따르면, 하나의 질병이나 장애만으로도 요건을 충족할 수 있다. 또한 심사 실무는 해당 질환이 환자에게 미치는 영향이 개별 사례의 구체적인 상황에 따라 달라질 수 있음을 보여준다. 많은 사람들이 직관적으로는 위의 두 가지 가상 사례 모두 안락사법을 적용하는 것에 이의를 제기하겠지만, 안락사 심의위원회는 고령의 음악가의 고통이 "의학적으로 분류 가능한 질병이나 장애로 인해 상당 부분 초래된 것"이라고 판단할 가능성이 높다. 이 특정 사례에서는 모든 고통이 어떤 의미에서는 해당 질환의 결과다. 노인성 난청이 없었다면, 고통도 존재하지 않았을 것이다.

그렇다면 가상 사례 속 전직 교사의 고통도 법정 요건을 충족할까? 많은 이들이 직관적으로 그렇지 않다고 생각할 것이다. 단지 흔한 노년성 증후군인 관절염 하나만 존재하기 때문만은 아니다. 많은 이들이 이 사례에 의문을 품는 이유는, 고통의 원인과 결과 간의 인과 관계에 대한 인식 차이가 중요하게 작용한다고 보기 때문이다. 이 여성의 경우, 관절염이 생기기 전부터 삶 자체가 이미 "견딜 수 없는 것"이었다. 그래서 많은 이들이 그녀의 고통은 "의학적으로 분류 가능한 질병이나 장애로 인해 주로 초래된 것"이 아니라고 주장할 것이다. 오히려 그 고통은 명백히 다른, 비의학적 원인들에 의한 것이며, 어쩌면 그것이 주된 원인일 수도 있다는 것이다. 따라서 관절염은 많은 사람들의 눈에 단지 하나의 명분에 불과하게 보일 것이다. 분명히 말해, 안락사법은 이러한 요청을 수락한 의사의 행위를 정당화하기 위해 존재하는 법은 아닐 것이다. 하지만 심의위원회가 이런 행위를 승인하지 않을 정당한 근거는 있을까?

물론 음악가의 고통은 난청이 치료된다면 완전히 사라질 수 있지만, 그 전직 교사의 고통은 관절염이 치료되어도 지속될 것이다. 그렇다고 두 사례가 본질적으로 다르다고 볼 근거는 없다. 음악가의 경우, 모든 고통이 하나의 의학적 질환과 쉽게 연결된다는 점, 반면 교사의 경우엔 그렇지 않다는 점이 차이를 합리화하는 듯 보이지만, 사실 이는 지나치게 단정적인 인식에 불과하다. 그녀가 처한 상황은 덜 고통스러운가? 교사의 고통이 의학적 질환으로 완전히 설명되지 않는다는 사실은 중요하지 않다. 왜냐하면 음악가의 고통 역시 난청만으로 전부 설명되지 않는다. 그의 정체성, 가치관, 사회적 상실 등 비의학적 요소가 결합되어 고통을 구성한다. 이 점에서 두 사례는 유사하다. 언뜻 보기에는 음악가의 사례가 교사의 사례와 본질적으로 다른 측면이 있는 것처럼 보일 수 있다. 하지만 조금만 숙고해 보면, 심사 과정에서 이러한 차이를 정당화할 근거는 없다는 것을 금세 알 수 있다. 교사의 사례에 대해 심의위원회가 법정 요건이 충족되지 않았다고 판단할 것이라고 가정할 이유는 없다. 오히려 그런 결론은 지금까지의 심사 실무의 논리와 모순된다.

라. 예비적 고찰 몇 가지 더

네덜란드 지역 안락사 심의위원회가 법정 '고통' 요건을 어떻게 해석하고, 그에 따라 안락사법의 적용 범위를 어떻게 결정하는지를 제대로 이해하려면, 다중 노년 증후군 범주의 안락사 신고에 대한 판정에서 위원회가 언제나 '상황적 사실circumstances'을 언급한다는 점을 유의해야 한다. 심의위원회는 노인의 고통을 악화시키는 여러 상황들, 예컨대 외로움이나 활동성의 상실 등을 고통의 외부 원인으로 여기지 않는다. 다시 말해, 위원회는 그러한 상황들이 단지 환경을 바꾸거나 특정 조치를 취해서 제거할 수 있는 '해결 가능한 문제'라고 생각하지 않는다. 오히려, 그런 상황들은 환자의 삶에서 바꿀 수 없는 '주어진 사실given facts'로 받아들이며, 바로 그렇기 때문에 환자가 느꼈을 고통이 충분히 이해될 수 있다고 판단하는 것이다. 공개된 판결문에 따르면, 이는 브롱허르스마 사건 판결에서 대법원이 해석한 두 번째 법정 요건(환자의 고통이 참을 수 없으며, 회복 또는 개선의 전망이 없어야 할 것)을 심의위원회가 해석하는 방식이기도 하다. 즉, 활발한 생활양식, 독립성·자율성·자기통제, 사회적 고립, 기력(체력) 저하, 추가 기능 상실에 대한 두려움, 삶의 무의미감, 이 모든 요소는 판결문에서 '주어진 사실'로 제시된다. 이는 안락사를 신고한 의사 역시 그런 전제 하에 보고서를 작성했음을 의미하며, 위원회는 이를 고통의 참을 수 없음을 '이해 가능하게' 만드는 요인으로 수용한다.

비록 네덜란드의 안락사법이 자신의 삶이 이미 완결되었다고 느끼는 고령자의 요구에 실질적인 "출구"로 작용하고 있는지는 아직 입증되지 않았지만, 잠재력은 분명하다. 특히 2019년 이후 "다중 노년 증후군"을 근거로 한 안락사 요청 건수가 급증한 사실에 주목할 필요가 있다.

어떤 면에서 보면, 네덜란드 왕립의사회KNMG가 디이크스트라 의원의 새 법안 때문에 현행 안락사 실무가 잠식될 것이라고 우려하는 것은, 어느 정도 기우에 가깝다. 잠식될 만한 것이 그리 많지 않기 때문이다. 오히려 왕립의사회는 취약성^{frailty}을 의료 영역과 연결시키고, 고령자의 안락사 요청 심사에서 취약성의 여러 차원(사회적·실존적 요소 등)을 고려하도록 함으로써 심의위원회 정책 형성에 결정적 역할을 했다. 두 번째 가상 사례가 보여 주듯, "삶 자체로부터의 고통"을 겪는 고령자가 자신의 고통을 희망 없고 참을 수 없는 것으로 인정받는 데에는 실제로 많은 질환이나 장애가 필요하지 않다. 이러한 가능성은 이미 2010년 판정들에서도 뚜렷이 드러난 바 있다(5장.가 참조).

6. 맺음말

역사적 연구만으로는 네덜란드가 안락사를 가장 먼저 "광범위하게 비범죄화" 한 이유를 확정적으로 설명할 수 없다. 우리가 할 수 있는 것은 네덜란드 안 락사법Euthanasia Act의 형성 과정을 재구성하는 일뿐이다. 그 과정을 살펴보 면, 이 법의 규범은 궁극적으로 요청에 따른 생명 종결과 자살 조력을 연민 compassion의 행위로 인정하는 데서 출발했음을 알 수 있다. 네덜란드에서 안 락사 비범죄화는 기본권 논쟁의 결과가 아니었다. 삶의 마지막 단계에서 자기 결정권 확대를 위한 오랜 투쟁의 산물도 아니었다. 이 법은 의사의 법physicians' law으로 성립했다. 환자의 생명을 종결한 의사는 기소의 두려움을 가질 필요가 없다. 법에서 정한 규정들을 준수한 의사에 대해서는 형사상이나 징계상의 절 차가 개시되지 않는다. 이 규정들 중 단 하나만이 환자의 요청과 관련되어 있 으며, 이 또한 충족되어야 할 여러 필수 요건 중 하나에 불과하다.

네덜란드식 안란사법 형성은, 삶의 마지막 단계에서 무엇이 표준 의료standard medicine이고 무엇이 비표준 의료non-standard medicine인지를 두고 사회적 이해 당사자, 무엇보다 의사들 사이에서 공감대가 점차 형성된 결과라고 보는 것이 가장 적절하다. 법원이 뒤를 따랐고, 정치권과 입법자는 결국 이를 확정했을 뿐 이다. 네덜란드에서는 요청에 의한 생명 종결과 자살 조력이 여전히 형법상 범 죄다. 그럼에도 불구하고, 네덜란드 형사법원은 이러한 행위를 한 의사들에게 면책을 인정해왔다. 이는 생명을 보존해야 할 의사의 의무와 고통을 경감해야 할 의사의 의무 사이의 '의무 충돌'을 인정한 결과였다. 또한 환자의 생명을 희 생하면서까지 고통 완화를 선택해야만 했던 의사들은 '불가항력'을 근거로 삼 아 스스로를 성공적으로 변론할 수 있었다. 정치인들은 이러한 사회적 합의가 확립된 이후에야 비로소 나섰고, 입법자는 그 합의를 법률로 봉인했을 뿐이다.

안락사법과 그 법률이 적용되는 실제 관행은 확실히 절충의 산물로, 모두에게 어느 정도 수용 가능한 방안을 제공한다. 안락사는 원칙적으로 금지되어 있지만, 법은 예외를 허용한다. 환자의 자기결정권도 어느 정도 인정되지만, 안락사 허용 여부를 결정하는 권한은 의사에게 있다.

절충이라는 것은 관점에 따라 매우 다르게 평가될 수 있다. 네덜란드의 안락사 정책을 '자유주의적이고 진보적'이라고 부르는 것을 정당하다. 그러나 동시에 '보수적'이라는 평가도 타당하다. 치열한 논쟁 끝에 도출된 모든 절충안이 그러하듯, 합의된 규칙은 철칙으로 굳어진다. 2002년 4월 제정된 이후 안락사법은 단 한 차례도 개정되지 않았다.

네덜란드의 안락사 정책은 환자가 생명 종료나 조력 자살을 의사에게 요청할 수 있다는 점에서 해방적emancipatory이라고도 볼 수 있다. 그러나 동시에 매우 가부장적paternalistic이기도 하다. 안락사는 오직 환자만이 요청할 수 있으며, 그 요청은 오직 의사에게만 할 수 있고, 수용 여부는 전적으로 의사의 재량에 달려 있다.

끝으로, 안락사 실무는 경직성과 유연성을 동시에 지닌다. 2002년 4월 이후 법정 요건은 단 한 차례도 바뀌지 않았으며, 이를 개정하려는 움직임도 없다. 하지만 이 요건들은 개방적 기준으로 구성되어 있어, 선출되지 않은 전문가들로 구성된 안락사 심의위원회가 정책을 형성할 수 있는 여지를 제공한다. 법률상의 규정은 변하지 않았지만, 심의위원회의 지침은 변화해 왔다.

안락사법은 이미 여러 차례 평가를 거쳤다. 이 법은 의료인들에게 법적 확실성을 제공하고, 의료인에 의한 안락사 실행이 신중하게 이루어지도록 보장하며, 의료인들이 책임을 질 수 있는 적절한 틀을 마련하고, 사회적 통제와 투명성을 제고하는 것을 목적으로 한다. 여러 연구에 따르면, 이러한 측면에서 이 법은 잘 작동하고 있으며, 성공적인 법으로 평가된다.

그럼에도 불구하고 현재 네덜란드의 안락사 정책은 새로운 도전에 직면해 있다. 가장 먼저 도전장을 내민 것은 더 큰 연민을 요구하는 당사자들, 즉 의사들이다. 의료계의 요구에 따라 정책 입안자들은 안락사법의 규제 모델을 모든 연령대의 환자들, 즉 판단능력이 없는 신생아와 아동까지 확대 적용하려 하고 있다. 안락사 및 조력 자살의 합법화에 반대하는 가장 잘 알려진 주장 중 하나는 이른바 '미끄러운 경사slippery slope' 논증이다. 이미 1958년에 예일 커미서Yale Kamisar는* 환자의 명시적인 요청에 따라 생명을 종료하는 것을 허용하게 되면, 결국 그러한 요청이 없는 경우에도 생명 종료가 허용되는 결과로 이어질 수밖에 없다고 주장한 바 있다.[276] 이 주장에 타당성이 있는지 여부와는 별개로, 실제로 네덜란드는 2007년 3월, 신생아에 대한 의도적 생명 종결에 관한 규정을 도입했다. 그리고 현재는 그 규정을 1세부터 12세까지의 환자에게까지 확대하는 방안이 진지하게 검토되고 있다. 커피 안락사 사건Coffee Euthanasia case에서 대법원이 보여 준 전례 탓에, 정책입안자는 기본권에 거의 주의를 기울이지 않는다. "법적 확실성"에 대한 의료진의 요구 앞에 모든 것이 후퇴하는 양상이다. 법적으로 보자면, 이 분야의 정책 입안은 점점 더 불확실하고 혼탁한 영역murky waters으로 접어들고 있다.

동시에, 삶의 마지막 단계에서 개인적 자율성을 더 요구하는 흐름은 부인할 수 없다. 제4장(다. 자율적 경로)에서 보았듯, 네덜란드에서 안락사는 이제 확실히 시민권civil rights 의제로 변모하는 중이다. 안락사법의 규제 모델은 지금 '완결된 삶' 상태에서의 자살 조력 법안을 옹호하는 측에서도 제시된다. 기본권 관점에서 보면, 그런 법은 안락사법과 마찬가지로 전혀 문제가 되지 않는다. "언제·어떻게 죽을지" 결정할 권리는 단지 환자에게만 국한된 것이 아니라 모든 사람에게 보장된 사생활의 권리에 포함된다. 디이크스트라 의원이 제안한 법안도, 안락사법과 마찬가지로 이 권리의 행사를 제한한다. 그리고 만약 이 법

---

* 예일 커미서(1929-2022)는 미국의 법학자이자 생명윤리 분야의 권위자다. 1958년에 발표한 『제안된 '자비로운 살해' 입법에 반대하는 일부 비종교적 관점들Some Non-Religious Views Against Proposed 'Mercy-Killing' Legislation』이라는 논문에서, 안락사 합법화가 '미끄러운 경사'로 이어질 수 있다고 주장해 큰 반향을 일으켰다. 이 논문은 이후 안락사 합법화의 반대 논거로 가장 자주 인용되고 있다.

안이 취약계층을 보호하는 수준에 있어서도 안락사법과 동일하다면, 유럽인권법과 충돌한다고 보기도 어렵다. 유럽인권법은 국가에 자살 조력을 용이하게 하도록 강제하지는 않는다. 그럼에도 네덜란드가 디이크스트라 안과 같은 방식으로 이를 허용한다면, 이를 법적으로 반대할 타당한 근거를 찾기는 매우 어려울 것이다.

네덜란드 왕립의사회KNMG는 슈나벨 위원회의 논리를 따라 디이크스트라 법안에 반대했다. 그 이유는 법적 문제가 아니다. 의사회는 투명하고 신중하게 운영되어 왔다고 자신들이 평가해 온 기존 안락사 실무에 부정적인 영향을 줄 수 있다는 이유로 법안에 반대 입장을 밝혔다. "두 번째 경로"가 생기면 혼란을 초래할 뿐 아니라, 우회 가능성이 높아 기존의 안락사 실무를 약화시킬 수 있다는 것이다. 이는 다소 특이한 입장이다. 왕립의사회는 언제나 개별 의사가 어떤 이유로든 안락사 요청을 거부할 권리를 인정해 왔으면서, 정작 요청은 오직 의사에게만 해야 한다는 입장을 고수하고 있는 것으로 보이기 때문이다.

표면적으로는 어떨지 몰라도, 당장 네덜란드에서 '완결된 삶'을 위한 자살 조력법이 제정될 가능성은 낮다. 네덜란드에서는 논쟁적인 사안이 입법을 통해 하향식top-down으로 강제되는 일이 드물다. 현재 의회에 관련 법안이 발의되어 있지만, 그 기반이 너무 미약하다. 아직까지 핵심 사회 주체들의 충분한 지지가 형성되지 않았기 때문이다. 지금의 네덜란드 안락사 정책은 오랜 시간에 걸쳐 이뤄진 치열한 타협의 산물로, 정작 안락사법 자체는 이미 정립된 현실을 법적으로 확정지었을 뿐이다. 따라서 디이크스트라 의원의 법안은 현재로서는 지나치게 큰 부담으로 받아들여질 것이다.

브롱허르스마 사건에 대한 대법원의 판결에 따르면, 환자의 고통은 "의학적으로 분류 가능한 신체·정신 질환에 상당 부분 기반"해야 한다. 지역 안락사 심의위원회의 판단 관행은 노화 관련 질환들도 이러한 근거가 될 수 있으며, 비의학적 근거 역시 어느 정도 허용된다는 점을 보여준다. 이미 2010년에 발표된 한 심의위원회의 판결은, 몇 가지 퇴행성 질환만으로도 요건이 충족될 수 있음을 보여주었으며, 분석 결과 단지 하나의 노화 관련 질환만으로도 요건이 충족될 가능성이 높은 것으로 나타났다. 네덜란드 의사들은 앞으로도 안락사법 틀 안에서 '완결된 삶'을 근거로 한 안락사 요청을 수용해 나갈 것이다. 과거에도 의사들은 어떤 고통이 '견딜 수 없는 것'으로 간주될 수 있는지를 판단함으로써 안락사법의 적용 범위를 확장해 왔고, 앞으로도 그렇게 할 것이다.

주석

1. 바이어스, H.(Weyers, H.), 『안락사: 법 변화의 과정(Euthanasie: Het proces van rechtsverandering)』. 암스테르담: 암스테르담 대학교 출판부(Amsterdam University Press), 2004. 407-408쪽
2. 네덜란드 대법원(Hoge Raad), 1944년 2월 8일.
3. 위트레흐트 지방법원(Rechtbank Utrecht), 1952년 3월 11일; 암스테르담 항소법원(Gerechtshof Amsterdam), 1952년 7월 8일.
4. 바이어스 H. 2004, 51쪽.
5. 네덜란드 민법전(Burgerlijk Wetboek), 제7권 제446조~468조.
6. 반 덴 베르흐, J.(Berg, J. van den), 『의료 권력과 의료 윤리(Medische macht en medische ethiek)』. 나이커르크: G.F. 칼렌바흐(G.F. Callenbach) 출판사, 1969
7. 반 덴 베르흐, J. 1969, 47쪽.
8. 반 덴 베르흐, J. 1969, 48쪽.
9. 리우바르던 지방법원(Rechtbank Leeuwarden), 1973년 2월 21일.
10. 리우바르던 지방법원, 1973년 2월 21일; 판스, E.(Pans, E.), 『네덜란드 안락사법의 규범적 기반(De normatieve grondslagen van het Nederlandse euthanasierecht)』. 나이메헌: 울프 리걸 퍼블리셔스(Wolf Legal Publishers), 2006, 12쪽.
11. 리우바르던 지방법원, 1973년 2월 21일.
12. 리우바르던 지방법원, 1973년 2월 21일.
13. 바이어스 H. 2004, 101쪽; 네덜란드 자발적 안락사 협회(NVVE, Nederlandse Vereniging voor een Vrijwillig Levenseinde) 소개 페이지: www.nvve.nl/over-ons/organisatie
14. 로테르담 지방법원(Rechtbank Rotterdam), 1981년 12월 1일.
15. 로테르담 지방법원, 1981년 12월 1일.
16. 로테르담 지방법원, 1981년 12월 1일.
17. 바이어스, H. 2004, 145-146쪽.
18. 네덜란드 대법원, 1984년 11월 27일.
19. 알크마르 지방법원(Rechtbank Alkmaar), 1983년 5월 10일.
20. 암스테르담 항소법원, 1983년 11월 17일.

21. 네덜란드 대법원, 1984년 11월 27일; 판스, E 2006, 14쪽.
22. 네덜란드 대법원, 1984년 11월 27일; 판스, E 2006, 14쪽.
23. 헤이그 항소법원(Gerechtshof Den Haag), 1985년 6월 10일; 1986년 9월 11일.
24. 바이어스, H. 2004, 199쪽.
25. 네덜란드 왕립의사회(KNMG, Koninklijke Nederlandsche Maatschappij tot bevordering der Geneeskunst), 1984년, 990쪽.
26. 네덜란드 왕립의사회, 1984년, 996쪽.
27. 네덜란드 대법원, 1987년 12월 15일.
28. 네덜란드 왕립의사회, 1985년, 403쪽 및 405쪽.
29. 아센 지방법원(Rechtbank Assen), 1993년 4월 21일; 리우바르던 항소법원(Gerechtshof Leeuwarden), 1993년 9월 30일.
30. 네덜란드 대법원, 1994년 6월 21일.
31. 네덜란드 대법원, 1994년 6월 21일.
32. 네덜란드 대법원, 1994년 6월 21일; 판스, E 2006, 16쪽.
33. 제2차 의회 회의록(Handelingen II), 1983/84년, 부속문서(Bijlage) 18331호.
34. 제2차 의회 회의록, 1985/86년, 부속문서 19359호, 제3호, 2쪽.
35. 제2차 의회 회의록, 1989/90년, 부속문서 21132호, 제8호, 47쪽.
36. 제2차 의회 회의록, 1989/90년, 부속문서 21300-VI호, 제22호.
37. 반 데어 발, G. & 반 데어 마스, P.(Wal, G. van der & Maas, P. van der), 『안락사와 생의 말기에 관한 기타 결정들(Euthanasie en andere beslissingen rond het levenseinde)』, 헤이그: Sdu 출판사, 1996, 219-241쪽.
38. 제2차 의회 회의록, 1991/92년, 부속문서 22572호, 제3호.
39. 판 데어 발, G. & 판 데어 마스, P. 1996, 219-241쪽.
40. 제2차 의회 회의록, 1996/97년, 부속문서 23877호, 제3호.
41. 의회문서(Kamerstukken II), 1998/99년, 26691호, 제2호.
42. 안락사법(Euthanasia Act), 제9조 제2항 a목.
43. 하를럼 지방법원(Rechtbank Haarlem), 2000년 7월 25일 및 10월 30일.
44. 암스테르담 항소법원(Gerechtshof Amsterdam), 2001년 5월 8일 및 12월 6일.
45. 네덜란드 대법원, 2002년 12월 24일.
46. 케네디, J.(Kennedy, J), 『숙고된 죽음: 네덜란드의 안락사(Een weloverwogen dood: Euthanasie in Nederland)』, 암스테르담: 베르트 바커 출판사(Uitgeverij Bert Bakker), 2002, 11-14쪽.

47. 케네디, J. 2002, 11-12쪽.
48. 케네디, J. 2002, 12-13쪽.
49. 케네디, J. 2002, 13쪽.
50. 케네디, J. 2002, 14쪽.
51. 바이어스, H. 2004, 422쪽.
52. 의회문서, 1998/99년, 26691호, 제3호, 5쪽.
53. 매장 및 화장법(Burial and Cremation Act), 제7조 제2항.
54. 매장 및 화장법, 제10조 제1항.
55. 매장 및 화장법, 제3조.
56. 매장 및 화장법, 제10조 제2항.
57. 의회문서, 1998/99년, 26691호, 제3호, 6쪽.
58. 안락사법(Euthanasia Act), 제17조.
59. 지역 안락사 심의의원회(Regionale toetsingscommissies euthanasie, Regional Euthanasia Review Committees). 연례보고서 웹사이트: www.euthanasiecommissie.nl/de-toetsingscommissies/jaarverslagen
60. 지역 안락사 심의의원회 연례보고서, 2023년, 9쪽.
61. 지역 안락사 심의의원회 연례보고서, 2004년, 8쪽.
62. 지역 안락사 심의의원회 연례보고서, 2023년, 9쪽.
63. 지역 안락사 심의의원회 연례보고서, 2023년, 9쪽.
64. 지역 안락사 심의의원회 연례보고서, 2023년, 11쪽.
65. 지역 안락사 심의의원회 연례보고서, 2005년, 8쪽.
66. 지역 안락사 심의의원회 연례보고서, 2023년, 11쪽.
67. 지역 안락사 심의의원회 연례보고서, 2023년, 11쪽.
68. 지역 안락사 심의의원회 연례보고서, 2022년, 11쪽.
69. 지역 안락사 심의의원회 연례보고서, 2023년, 13쪽.
70. 지역 안락사 심의의원회 연례보고서, 2020년 15쪽; 2021년 15쪽; 2022년 13쪽.
71. 지역 안락사 심의의원회 연례보고서, 2023년, 13쪽.
72. 지역 안락사 심의의원회 연례보고서, 2023년, 13쪽.
73. 지역 안락사 심의의원회 연례보고서, 2023년, 15쪽.
74. 지역 안락사 심의의원회 연례보고서, 2023년, 15쪽.
75. 지역 안락사 심의의원회 연례보고서, 2023년, 17쪽.
76. 지역 안락사 심의의원회 연례보고서, 2018b년, 29쪽.
77. 지역 안락사 심의의원회 연례보고서, 2019년 19쪽; 2020년 19쪽; 2021년 19쪽; 2022년 15쪽.
78. 지역 안락사 심의의원회 연례보고서, 2023년 17쪽.

79. 반 데르 헤이더, A. 외.(Van der Heide et al.),『안락사 및 조력자살법 평가 제4차 보고서(Vierde evaluatie Wet toetsing levensbeëindiging op verzoek en hulp bij zelfdoding)』. 헤이그: ZonMw, 2023.
80. 반 데르 헤이더, A. 외, 2023, 287쪽.
81. 반 데르 헤이더, A. 외, 2023, 165쪽.
82. 온우테아카-필립센, B. 외.(Onwuteaka-Philipsen B. et al.),『안락사 및 조력자살법 제3차 평가 보고서(Derde evaluatie Wet toetsing levensbeëindiging op verzoek en hulp bij zelfdoding)』. 헤이그: ZonMw, 2017, 27쪽.
83. 반 데르 헤이더, A. 외, 2023, 165쪽; 온우티아커-필립스엔 외, 2017, 21쪽.
84. 반 데르 헤이더, A. 외, 2023, 167쪽.
85. 반 데르 헤이더, A. 외, 2023, 302-305쪽.
86. 온우테아카-필립센, B. 외, 2017, 20쪽.
87. 반 데르 헤이더, A. 외, 2023, 292쪽.
88. 온우테아카-필립센, B. 외, 2017, 24쪽.
89. 반 데르 헤이더, A. 외, 2023, 294-295쪽.
90. 네덜란드 대법원, 2020년 4월 21일 판결(a) 및 (b).
91. 지역 안락사 심의의원회, 결정서(Oordeel) 2016-85.
92. 지역 안락사 심의의원회, 결정서 2016-85.
93. 지역 안락사 심의의원회, 결정서 2016-85.
94. 지역 안락사 심의의원회, 결정서 2016-85.
95. 지역 안락사 심의의원회, 결정서 2016-85.
96. 지역 안락사 심의의원회, 결정서 2016-85, 3쪽.
97. 지역 안락사 심의의원회, 결정서 2016-85, 3쪽.
98. 지역 안락사 심의의원회, 결정서 2016-85.
99. 지역 안락사 심의의원회, 결정서 2016-85.
100. 지역 안락사 심의의원회, 결정서 2016-85.
101. 지역 안락사 심의의원회, 결정서 2016-85.
102. 도르미쿰(Dormicum)은 항불안, 기억상실 유도, 수면 유도, 근육 이완, 진정 작용을 지닌 벤조디아제핀 계열 약물이다. 티오펜탈 나트륨(Sodium thiopental)은 전신마취에 사용되는 바르비투르산염으로, 안락사의 목적으로는 의도적으로 과다 투여해 혼수상태에 이르게 하는 데 사용된다.
103. 지역 안락사 심의의원회, 결정서 2016-85.
104. 지역 보건 전문직 징계법원(Regionaal Tuchtcollege Gezondheidszorg),

헤이그, 2018년 7월 24일.
105. 중앙 보건 전문직 징계법원(Centraal Tuchtcollege Gezondheidszorg), 2019년 3월 19일.
106. 헤이그 지방법원(Rechtbank Den Haag), 2019년 9월 11일, 항목 4.2.
107. 헤이그 지방법원, 2019년 9월 11일, 항목 5.3.2.
108. 헤이그 지방법원, 2019년 9월 11일, 항목 5.3.2.
109. 헤이그 지방법원, 2019년 9월 11일, 항목 5.3.2.
110. 네덜란드 대법원, 2020년 4월 21일, 사건 a 및 b.
111. 네덜란드 대법원, 2020년 4월 21일, 항목 5.5.2.
112. 네덜란드 대법원, 2020년 4월 21일, 항목 6.5.
113. 지역 안락사 심의위원회 연례보고서, 2020b년, 항목 4.1 및 4.4.
114. 네덜란드 헌법(Constitution of the Kingdom of the Netherlands), 제94조.
115. 완결된 삶에 관한 자문위원회(Adviescommissie Voltooid Leven), 2016년, 77-91쪽.
116. 유럽인권재판소(ECHR), 스위스 하스 사건(Haas v. Switzerland), 항목 51.
117. 스위스 하스 사건, 항목 54.
118. 뷔이선, M. (Buijsen, M.), 「변경되어야 할 것은 변경되어야 한다... 네덜란드에서의 안락사와 중증 치매에 대하여(Mutatis mutandis . . . On Euthanasia and Advanced Dementia in the Netherlands)」, 『케임브리지 의료윤리 계간지』 31, 2022b, 40-53쪽.
119. 네덜란드 소아과학회(Nederlandse Vereniging voor Kindergeneeskunde), 1992년.
120. 암스테르담 항소법원(Gerechtshof Amsterdam), 1995년 11월 7일; 리우바르던 항소법원(Gerechtshof Leeuwarden), 1996년 4월 4일.
121. 신생아 생애말기 결정에 관한 의료행위 기준 협의체(Overleggroep toetsing zorgvuldig medisch handelen rond het levenseinde bij pasgeborenen), 1997년.
122. 신생아 생애말기 결정에 관한 의료행위 기준 협의체(Overleggroep toetsing zorgvuldig medisch handelen rond het levenseinde bij pasgeborenen), 1997년.
123. 페어하헌, E. & 사우어 P.(Verhagen, E & Sauer, P.), 『흐로닝언 프로토콜 - 중증 질환 신생아의 안락사(The Groningen Protocol — Euthanasia in Severely Ill Newborns)』, 『뉴잉글랜드 의학 저널(New England Journal of Medicine)』 352권, 10호, 2005.
124. 체르베낙, F. 외(Chervenak, F. et al.), 「흐로닝언 프로토콜은 거부되어야 한다(Why the Groningen Protocol Should Be Rejected)」, 『헤이스

팅스 센터 리포트(Hastings Center Report)』 36권, 5호, 2006.
125. 중증 고통을 겪는 신생아에 대한 제2유형 임신 중절 및 생명 종결에 관한 중앙 전문가 위원회 규정(Regeling centrale deskundigencommissie late zwangerschapsafbreking in een categorie-2 geval en levensbeëindiging bij ernstig lijdende pasgeborenen), 2007년, 51쪽.
126. 신생아에 대한 임신 후기 중절 및 생명 종결에 관한 평가 위원회 규정(Regeling beoordelingscommissie late zwangerschapsafbreking en levensbeëindiging bij pasgeborenen), 2016년, 제2.3조; 신생아에 대한 임신 후기 중절 및 생명 종결에 관한 평가 위원회, 2020년판 (Review Committee on Late-term Abortions and Termination of Life in Newborns 2020) (2019년도 연례보고서), 2022년, 15쪽.
127. 요청 없는 생명 종결 및 임신 후기 중절에 대한 기소 지침(Aanwijzing vervolgingsbeslissing levensbeëindiging niet op verzoek en late zwangerschapsafbreking), 2017년, 제1.2조.
128. 신생아에 대한 임신 후기 중절 및 생명 종결에 관한 평가 위원회 규정, 2016년, 제3조.
129. 신생아에 대한 임신 후기 중절 및 생명 종결에 관한 평가 위원회 규정, 2016년, 제2조 b항.
130. 임신 후기 낙태 및 신생아·아동 생명종결 제도(LZA/LP&K) 연례보고서: www.lzalp.nl/publicaties/jaarverslagen
131. 플룸, M. 외(Ploem, M. et al.),『임신 후기 낙태 및 신생아 생명종결에 대한 평가위원회 규정 평가(Evaluatie Regeling beoordelingscommissie late zwangerschapsafbreking en levensbeëindiging bij pasgeborenen)』. 헤이그: ZonMw, 2022, 10쪽.
132. 브라우어, M., 매켈베르헤, E., 페어하헌, E.(Brouwer M., Maeckelberghe, E. & Verhagen, E.),『1-12세 아동의 생애말기 사례 기술(Casuïstiekbeschrijving levenseinde 1-12 jaar)』. 흐로닝언: 흐로닝언 대학교 의료센터(Universitair Medisch Centrum Groningen),2022.
133. 브라우어, M., 매켈베르헤, E., 페어하헌, E., 2022, 10-17쪽.
134. 브라우어, M., 매켈베르헤, E., 페어하헌, E., 2022, 24쪽.
135. 뷔이선, M.,「논평: 누구의 고통인가?(Commentary: Whose suffering?)」,『케임브리지 의료윤리 계간지(Cambridge Quarterly of Healthcare Ethics)』29, 2020a ; 브라우어, M. 외(Brouwer M. et al.),「소아 뇌종양: 고통의 서사와 생애말기 결정(Pediatric Brain Tumors: Narrating Suffering and End-of-Life Decision-Making)」,『케임브리지 의료윤리 계간지』29, 2020.

136. 플룸, M.외, 2022, 10쪽.
137. 플룸, M.외, 2022, 125쪽.
138. 신생아에 대한 임신 후기 중절 및 생명 종결에 관한 평가 위원회, 2022년, 15쪽.
139. 브라우어, M. 외(Brouwer M. et al.),『어린이(1-12세)의 생애말기 의학적 결정(Medische beslissingen rond het levenseinde bij kinderen)』, 2019.
140. 브라우어, M. 외, 2019, 37-40쪽.
141. 의회문서(Kamerstukken II), 2021/22년, 32647호, 제92호.
142. 의회문서, 2021/22년, 32647호, 제92호.
143. 안락사법(Euthanasia Act), 제2조 제1항.
144. 지역 안락사 심의의원회 연례보고서, 2013년, 32쪽.
145. 지역 안락사 심의의원회 연례보고서, 2023년, 11쪽.
146. 지역 안락사 심의의원회 연례보고서: www.euthanasiecommissie.nl/de-toetsingscommissies/jaarverslagen
147. 지역 안락사 심의의원회, 결정서 2016-85, 14쪽.
148. 움베르토 에코(Eco, U.),「저자와 텍스트 사이(Between Author and Text)」, in S. Collini (ed.),『해석과 과잉해석(Interpretation and Overinterpretation)』, 케임브리지: 케임브리지대학교출판부, 1992a, 67쪽.
149. 움베르토 에코, 1992a, 67쪽.
150. 움베르토 에코(Eco, U.),「해석과 역사(Interpretation and History)」, in S. Collini (ed.),『해석과 과잉해석』, 케임브리지: 케임브리지대학교출판부, 1992b, 24쪽.
151. 움베르토 에코, 1992a, 78쪽.
152. 드워킨, R.(Dworkin, R.),『법의 제국(Law's Empire)』. 글래스고: 폰타나 프레스(Fontana Press), 1986, 52쪽.
153. 페어하헌, E. & 뷔이선, M.(Verhagen, E. & Buijsen, M.),「네덜란드 안락사법은 아동에게까지 확대되어야 하는가?(Should the Dutch Law on Euthanasia Be Expanded to Include Children?)」,『케임브리지 의료윤리 계간지(Cambridge Quarterly of Healthcare Ethics)』 32, 2023.
154. 플룸, M.외, 2022, 14쪽.
155. 아동 권리 협약(UN Convention on the Rights of the Child), 1989년.
156. 해리스 D. 외(Harris, D. et al.),『유럽인권협약법(Law of the European Convention on Human Rights)』 4판, 옥스퍼드: 옥스퍼드대학교출판부, 2018, 206쪽.
157. 유럽인권재판소, 영국 프리티 사건(Pretty v. United Kingdom), 항목 67.
158. 스위스 하스 사건, 항목 51.

159. 스위스 하스 사건, 항목 54.
160. 이탈리아 아르티코 사건(Artico v. Italy), 항목 33.
161. 중증 고통을 겪는 신생아에 대한 제2유형 임신 중절 및 생명 종결에 관한 중앙 전문가 위원회 규정(Regeling centrale deskundigencommissie late zwangerschapsafbreking in een categorie-2 geval en levensbeëindiging bij ernstig lijdende pasgeborenen), 2007년, 8쪽.
162. 파트호르스트, S.(Vathorst S. et al.), 『임신 후기 낙태 및 신생아 생명종결에 대한 중앙 전문위원회 규정 평가(Evaluatie Regeling centrale deskundigencommissie late zwangerschapsafbreking en levensbeëindiging bij pasgeborenen)』. 헤이그: ZonMw, 2013, 104쪽.
163. 신생아에 대한 임신 후기 중절 및 생명 종결에 관한 평가 위원회 규정, 2016년, 제3조 제1항 및 제2항.
164. 요청 없는 생명 종결 및 임신 후기 중절에 대한 기소 지침(Aanwijzing vervolgingsbeslissing levensbeëindiging niet op verzoek en late zwangerschapsafbreking), 2017년, 제4조 제1항.
165. 신생아에 대한 임신 후기 중절 및 생명 종결에 관한 평가 위원회 규정, 2016년, 8쪽.
166. 네덜란드 왕립의사회, 2013년, 45쪽.
167. 아동 권리 협약 선택의정서 - 통신 절차에 관한 협약(Optional Protocol to the Convention on the Rights of the Child on a Communications Procedure), 2012년.
168. 유엔 아동 권리 협약(UN Convention on the Rights of the Child), 1989년, 제44조.
169. 유엔 아동 권리 위원회(Committee on the Rights of the Child), 2015년, 항목 28.
170. 영국 가드 외 사건(Gard and Others v. United Kingdom.)
171. 프랑스 랑베르 외 사건(Lambert and Others v. France), 항목 89-95; 영국 가드 외 사건, 항목 83.
172. 덴 보슈 항소법원(Gerechtshof Den Bosch), 2018년 1월 31일.
173. 헬더란트 지방법원(Rechtbank Gelderland), 2013년 10월 22일.
174. 아른험-리우바르던 항소법원(Gerechtshof Arnhem-Leeuwarden), 2015년 5월 13일.
175. 네덜란드 대법원, 2017년 3월 14일.
176. 헬더란트 지방법원, 2013년 10월 22일.
177. 안락사법(Euthanasia Act), 제2조 제1항.
178. 대법원 검찰(Parket bij de Hoge Raad), 2016년 11월 8일.

179. 네덜란드 대법원, 2017년 3월 14일, 항목 4.3.
180. 형법(Criminal Code), 제294조 제2항 및 제293조 제2항; 매장 및 화장법(Burial and Cremation Act), 제7조 제2항.
181. 아른험-리우바르던 항소법원, 2015년 5월 13일.
182. 네덜란드 대법원, 2017년 3월 14일, 항목 4.2.2.
183. 덴 보슈 항소법원(Gerechtshof Den Bosch), 2018년 1월 31일.
184. 아른험-리우바르던 항소법원, 2015년 5월 13일.
165. 덴 보슈 항소법원, 2018년 1월 31일, 항목 2.3.4.
186. 덴 보슈 항소법원, 2018년 1월 31일, 항목 2.3.4.
187. 뷔이선, M.(Buijsen, M.), 「삶을 마친 사람에게 조력자살은 허용되어야 하는가?(A Life Fulfilled: Should There Be Assisted Suicide for Those Who Are Done with Living?)」, 『케임브리지 의료윤리 계간지』 27, 2018.
188. 드리온 H.(Drion, H.), 「노인의 자발적 삶의 마무리(Het zelfgewilde levenseinde van oude mensen)」, 『NRC Handelsblad』, 1991, 8쪽.
189. 드리온 H., 1991.
190. 시민발의(Citizens' Initiative): www.tweedekamer.nl/kamerleden/commissies/verz/burgerinitiatieven
191. 자유의지(Uit Vrije Wil) 모임 - '완결된 삶' 시민발의(Burgerinitiatief Voltooid Leven): www.uitvrijewil.nu/index.php?id=1000/
192. 자유의지 모임 - '완결된 삶' 시민발의: www.uitvrijewil.nu/index.php?id=1000/
193. 자유의지 모임 - '완결된 삶' 시민발의: www.uitvrijewil.nu/index.php?id=1000/
194. 자유의지 모임 - '완결된 삶' 시민발의: www.uitvrijewil.nu/index.php?id=1000/
195. 자유의지 모임 시민발의, 제3조, 제4조, 제13조: www.uitvrijewil.nu/index.php?id=1006/
196. 자유의지 모임 시민발의, 서문(Preamble): www.uitvrijewil.nu/index.php?id=1006/
197. 자유의지 모임 시민발의, 제2조: www.uitvrijewil.nu/index.php?id=1006/
198. 자유의지 모임 시민발의, 제11조: www.uitvrijewil.nu/index.php?id=1006/
199. 자유의지 모임 시민발의, 제7조 제2항: www.uitvrijewil.nu/index.php?id=1006/

200. 안락사법(Euthanasia Act), 제2조 제1항.
201. 제2 의회 회의록(Handelingen II), 2011/2012년, 제61호, 10쪽.
202. 제2 의회문서(Kamerstukken II), 2013/2014년, 32647호, 제26호.
203. 완결된 삶에 관한 자문위원회(Adviescommissie voltooid leven), 2016년.
204. 제2 의회문서, 2013/2014년, 32647호, 제26호.
205. 제2 의회문서, 2013/2014년, 32647호, 제26호.
206. 완결된 삶에 관한 자문위원회, 2016년, 34쪽.
207. 완결된 삶에 관한 자문위원회, 36쪽.
208. 완결된 삶에 관한 자문위원회, 216-229쪽.
209. 완결된 삶에 관한 자문위원회, 216-229쪽.
210. 완결된 삶에 관한 자문위원회, 216-229쪽.
211. 반 바인하르던, E. 외(Wijngaarden, E. van, et al.), 『심각한 질병이 없는 노인의 죽음 욕구에 대한 시각 - 사람들과 수치(Perspectieven op de doodswens van ouderen die niet erg ziek zijn: de mensen en de cijfers)』. 헤이그: ZonMw, 2020, 73쪽.
212. 제2 의회문서, 2019/20년, 35534호, 제2호.
213. 제2 의회문서, 2019/20년, 35534호, 제2호, 5쪽.
214. 제2 의회문서, 2019/20년, 35534호, 제2호,제2호, 1쪽.
215. 제2 의회문서, 2019/20년, 35534호, 제2호,제2호, 5~7쪽.
216. 제2 의회문서, 2019/20년, 35534호, 제2호,제2호, 2쪽.
217. 제2 의회문서, 2019/20년, 35534호, 제2호,제2호, 2쪽.
218. 제2 의회문서, 2019/20년, 35534호, 제2호,제2호, 2쪽.
219. 제2 의회문서, 2019/20년, 35534호, 제2호, 3쪽.
220. 제2 의회문서, 2019/20년, 35534호, 제2호, 3쪽.
221. 제2 의회문서, 2019/20년, 35534호, 제2호, 8쪽.
222. 제2 의회문서, 2019/20년, 35534호, 제2호, 3쪽.
223. 제2 의회문서, 2019/20년, 35534호, 제2호, 3쪽.
224. 제2 의회문서, 2019/20년, 35534호, 제2호, 3쪽.
225. 제2 의회문서, 2019/20년, 35534호, 제3호, 19쪽.
226. 제2 의회문서, 2019/20년, 35534호, 제3호, 18-19쪽.
227. 제2 의회문서, 2019/20년, 35534호, 제3호, 19쪽.
228. 최후의 의지 협동조합(Coöperatie Laatste Wil): www.laatstewil.nu/english/
229. 최후의 의지 협동조합: www.laatstewil.nu/english/
230. 크로이런, E.(Kreulen, E.), 「최후의 의지 협동조합, 자발적 삶의 마무리를 위한 분말을 발견하다(Coöperatie Laatste Wil vindt poeder voor

vrijwillig levenseinde.)」,『트라우(Trouw)』, 2017
231. 아킨지, O.(Akinci, O.),「19세의 시메나는 그 자살용 약물을 정말 너무 쉽게 구할 수 있었다(Ximena (19) kon dat zelfdodingspoeder wel erg gemakkelijk kopen.)」,『트라우(Trouw)』, 2018
232. 피서르, M.(Visser, M.),「최후의 의지 협동조합, 자살용 분말 유통 추진(Coöperatie Laatste Wil maakt werk van zelfdodingspoeder)」,『트라우(Trouw)』, 2018.
233. 스테인베르헌, E. & 달링하, M.(Steenbergen, E. & Dallinga, M.),「검찰, 치명적 분말 관련 협동조합 수사 착수(OM onderzoekt coöperatie om dodelijk poeder)」,『NRC 한델스블라트(NRC Handelsblad)』, 2018
234. 스테인베르헌, E.,「최후의 의지, 치명적 분말의 유통을 완전히 중단(Laatste Wil stopt definitief met verspreiden dodelijk poeder)」,『NRC 한델스블라트』, 2018
235. 반 더 위어르 M.(Wier, M. van de.),「검찰: 알렉스 S.로부터 약물 X를 구매한 후 최소 15명 사망(OM: zeker vijftien mensen overleden na aankoop middel X bij Alex S.)」,『트라우』, 2021.
236. 오스트브라반트 지방법원(Rechtbank Oost-Brabant), 2023년 7월 18일.
237. 오스트브라반트 지방법원, 2023년 7월 18일.
238. 오스트브라반트 지방법원, 2023년 7월 18일.
239. 헤이그 지방법원, 2022년 12월 14일.
240. 헤이그 지방법원, 2022년 12월 14일.
241. 제2 의회문서, 2019/20년, 35534호, 제3호, 33쪽.
242. 즈바넨뷔르흐, E.(Zwanenburg, E.),「안락사 평가, 암묵적으로 완화되다(Toetsing euthanasie stilzwijgend versoepeld)」,『메디시스 콘탁트(Medisch Contact)』, 2011
243. 지역 안락사 심의위원회 연례보고서, 2011년, 사건 11.
244. 지역 안락사 심의위원회 연례보고서, 2011년, 사건 11.
245. 지역 안락사 심의위원회 연례보고서, 2011년, 사건 11.
246. 지역 안락사 심의위원회 연례보고서, 2011년, 사건 11.
247. 지역 안락사 심의위원회 연례보고서, 2011년, 사건 11.
248. 네덜란드 왕립의사회, 2011년
249. 네덜란드 왕립의사회, 2011년, 22쪽
250. 네덜란드 왕립의사회, 2011년, 21~23쪽
251. 네덜란드 왕립의사회, 2011년, 22쪽
252. 네덜란드 왕립의사회, 2011년, 22쪽
253. 네덜란드 왕립의사회, 2011년, 23쪽

254. 네덜란드 왕립의사회, 2011년, 23쪽
255. 지역 안락사 심의의원회 연례보고서, 2015년
256. 지역 안락사 심의의원회 연례보고서, 2015년, 31쪽.
257. 지역 안락사 심의의원회 연례보고서, 2015년, 31쪽.
258. 지역 안락사 심의의원회 연례보고서, 2018b년
259. 지역 안락사 심의의원회 연례보고서, 2018b년, 21-23쪽, 51쪽.
260. 지역 안락사 심의의원회 연례보고서, 2018b년, 22쪽
261. 지역 안락사 심의의원회 연례보고서, 2018b년, 23쪽,
262. 제2 의회문서 1999/2000년, 26691호, 제6호, 62쪽; 지역 안락사 심의의원회 연례보고서, 2007년, 20쪽; 2018b년, 23쪽.
263. 네덜란드 대법원, 2002년 12월 24일.
264. 지역 안락사 심의의원회 연례보고서, 2018b년, 21쪽.
265. 지역 안락사 심의의원회 연례보고서, 2018b년, 21-22쪽.
266. 뷔이선, M., 「절망적이고 견딜 수 없는 고통? 완결된 삶과 중첩된 노인 질환들에 대하여(Uitzichtloos en ondraaglijk lijden? Over voltooide levens en gestapelde ouderdomsaandoeningen)」, 『보건의료와 윤리 저널(Tijdschrift voor gezondheidszorg en ethiek)』 30, 2020b
267. 뷔이선, M., 「노인을 위한 안락사: 네덜란드 안락사 심의위원회 지침에 따른 다중 노인 증후군과 견딜 수 없는 고통(Euthanasia for the Elderly: Multiple Geriatric Syndromes and Unbearable Suffering According to Dutch Euthanasia Review Committees)」, 『케임브리지 의료윤리 계간지』, 2022a
268. 지역 안락사 심의의원회, 결정서 2015-01.
269. 뷔이선, M, 2020b.
270. 지역 안락사 심의의원회, 결정서 2018-44 및 2017-19.
271. 지역 안락사 심의의원회 연례보고서, 2020~2022년, 13-15쪽.
272. 지역 안락사 심의의원회 연례보고서, 2023년, 13쪽.
273. 지역 안락사 심의의원회, 결정서 2014-90.
274. 지역 안락사 심의의원회, 결정서 2019-17.
275. 지역 안락사 심의의원회, 결정서 2018-50.
276. 카미사르 Y.(Kamisar, Y.), 「자비로운 살인법안에 대한 몇 가지 비종교적 비판(Some Non-Religious Views against Proposed "Mercy-Killing")」, 『미네소타 로 리뷰(Minnesota Law Review)』 42, 1958.

참고 자료

문헌(Literature)

Adviescommissie voltooid leven(완결된 삶에 관한 자문위원회), 『완결된 삶: 삶을 마쳤다고 여기는 이들에게 자살보조에 대해(Voltooid leven: Over hulp bij zelfdoding aan mensen die hun leven voltooid achten)』. 헤이그, 2016.

Akinci, O.(아킨지, O.), 「19세의 시메나는 그 자살용 약물을 정말 너무 쉽게 구할 수 있었다.(Ximena (19) kon dat zelfdodingspoeder wel erg gemakkelijk kopen)」, 『트라우(Trouw)』, 2018년 3월 10일.

Berg, J. van den.(반 덴 베르흐, J.), 『의료 권력과 의료 윤리(Medische macht en medische ethiek)』. 나이케르크: G.F. 칼렌바흐 출판사 (Uitgeverij G.F. Callenbach) 출판사, 1969.

Brouwer, M., van der Heide, A., Hein, I. et al.(브라우어, M., 반 더르 하이더 A., 하인 I. 외), 『어린이(1-12세)의 생애말기 의학적 결정(Medische beslissingen rond het levenseinde bij kinderen)』, 2019. 웹사이트: https://zoek.officielebekendmakingen.nl/blg-901797.pdf (접속일: 2024년 3월 23일)

Brouwer, M., Maeckelberghe, E., Ten Brinke, H.-J. et al.(브라우어, M., 마이켈베르허 E., 텐 브링커 H.-J. 외), 「소아 뇌종양: 고통의 서사와 생애말기 결정(Pediatric Brain Tumors: Narrating Suffering and End-of-Life Decision-Making)」, 『케임브리지 의료윤리 계간지(Cambridge Quarterly of Healthcare Ethics)』 29 (2020): 338-345.

Brouwer, M., Maeckelberghe, E., Verhagen, E.(브라우어, M., 마이켈베르허 E., 페르하헌 E.), 『1-12세 아동의 생애말기 사례 기술(Casuïstiekbeschrijving levenseinde 1-12 jaar)』. 흐로닝언: 흐로닝언 대학교 의료센터(Universitair Medisch Centrum Groningen), 2022.

Buijsen, M.(뷔이선, M.),「삶을 마친 사람에게 조력자살은 허용되어야 하는가?(A Life Fulfilled: Should There Be Assisted Suicide for Those Who Are Done with Living?)」,『케임브리지 의료윤리 계간지』 27 (2018): 366-375.

Buijsen, M.(뷔이선, M.),「논평: 누구의 고통인가?(Commentary: Whose suffering?)」,『케임브리지 의료윤리 계간지』 29 (2020a): 346-353.

Buijsen, M.(뷔이선, M.),「절망적이고 견딜 수 없는 고통? 완결된 삶과 중첩된 노인 질환들에 대하여(Uitzichtloos en ondraaglijk lijden? Over voltooide levens en gestapelde ouderdomsaandoeningen)」,『보건의료와 윤리 저널(Tijdschrift voor gezondheidszorg en ethiek)』 30 (2020b): 84-89.

Buijsen, M.(뷔이선, M.),「노인을 위한 안락사: 다중 노인 증후군과 견딜 수 없는 고통에 대한 평가(Euthanasia for the Elderly: Multiple Geriatric Syndromes and Unbearable Suffering According to Dutch Euthanasia Review Committees)」,『케임브리지 의료윤리 계간지』 (2022a): 1-9. DOI: https://doi.org/10.1017/S0963180122000652

Buijsen, M.(뷔이선, M.),「변경되어야 할 것은 변경되어야 한다... 네덜란드에서의 안락사와 중증 치매에 대하여(Mutatis mutandis . . . On Euthanasia and Advanced Dementia in the Netherlands)」,『케임브리지 의료윤리 계간지』 31 (2022b): 40-53.

Chervenak, F., McCullough, L., Arabin, B.(체르베낙, F., 맥컬러프 L., 아라빈 B.),「흐로닝언 프로토콜은 거부되어야 한다(Why the Groningen Protocol Should Be Rejected)」,『헤이스팅스 센터 리포트(Hastings Center Report)』 36 (2006): 30-33.

Collini, S. ed.(콜리니 S. 편저),『해석과 과잉해석(Interpretation and Overinterpretation)』. 케임브리지: 케임브리지대학교출판부(Cambridge University Press), 1992.

Committee on the Rights of the Child(유엔 아동권리위원회),『네덜란드 제4차 국가보고서에 대한 최종 견해(Concluding Observations on the Fourth Periodic Report of the Netherlands)』. 제네바, 2015.

Coöperatie Laatste Wil(최후의 의지 협동조합). 웹사이트: www.laatstewil.nu/english/ (접속일: 2022년 8월 30일)

Drion, H.(드리온 H.),「노인의 자발적 삶의 마무리(Het zelfgewilde levenseinde van oude mensen)」,『NRC 한델스블라트(NRC Handelsblad)』, 1991년 10월 19일.

Dworkin, R.(드워킨, R.),『법의 제국(Law's Empire)』. 글래스고: 폰타나 출판사(Fontana Press), 1986.

Eco, U.(에코 U.),「저자와 텍스트 사이(Between Author and Text)」, 콜리니 S. 편저,『해석과 과잉해석(Interpretation and Overinterpretation)』, 케임브리지: 케임브리지대학교출판부, 1992a, 67-88쪽.

Eco, U.(에코 U.),「해석과 역사(Interpretation and History)」, in 콜리니 S. 편저,『해석과 과잉해석』, 케임브리지: 케임브리지대학교출판부, 1992b, 23-44쪽.

Eco, U.(에코 U.),「텍스트의 과잉해석에 대하여(Overinterpreting Texts)」, 콜리니 S. 편저,『해석과 과잉해석』, 케임브리지: 케임브리지대학교출판부, 1992c, 45-66쪽.

Harris, D., O'Boyle, M., Bates, E., Buckley, C.(해리스 D., 오보일, M., 베이츠, E., 버클리, C.),『유럽인권협약법(Law of the European Convention on Human Rights)』. 4판. 옥스퍼드: 옥스퍼드대학교출판부(Oxford University Press), 2018.

Kamisar, Y.(카미사르 Y.),「자비로운 살인법안에 대한 몇 가지 비종교적 비판(Some Non-Religious Views against Proposed "Mercy-Killing")」,『미네소타 법률 리뷰(Minnesota Law Review)』 42 (1958): 969-1042.

Kennedy, J.(케네디, J.),『숙고된 죽음: 네덜란드의 안락사(Een weloverwogen dood: Euthanasie in Nederland)』. 암스테르담: 베르트 바커 출판사(Uitgeverij Bert Bakker), 2002.

KNMG(네덜란드 왕립의사회),「안락사에 대한 입장(Standpunt inzake euthanasie)」,『메디시스 콘탁트(Medisch Contact)』 39 (1984): 990-1003.

KNMG(네덜란드 왕립의사회),「제186차 총회 간략 보고서(I)(Kort verslag 186ste Algemene Vergadering (I))」,『메디시스 콘탁트』 40 (1985): 402-407.

KNMG(네덜란드 왕립의사회),『스스로 선택한 삶의 마무리에 있어 의사의 역할(De rol van de arts bij het zelfgekozen levenseinde)』. 위트레흐트, 2011.

KNMG(네덜란드 왕립의사회), 『중증 기형을 가진 신생아의 생애말기 의학적 결정에 관한 입장(Medische beslissingen rond het levenseinde bij pasgeborenen met zeer ernstige afwijkingen)』. 위트레흐트, 2013.

Kreulen, E.(크로이런, E), 「최후의 의지 협동조합, 자발적 삶의 마무리를 위한 분말을 발견하다(Coöperatie Laatste Wil vindt poeder voor vrijwillig levenseinde.)」, 『트라우(Trouw)』, 2017년 9월 1일. 웹사이트: https://bit.ly/49inF5C (접속일: 2024년 3월 25일)

NVVE; Nederlandse Vereniging voor een Vrijwillig Levenseinde(네덜란드 자발적 삶의 마무리 협회). 웹사이트: www.nvve.nl/over-ons/organisatie (접속일: 2022년 8월 20일)

NVK; Nederlandse Vereniging voor Kindergeneeskunde(네덜란드 소아과학회), 『신생아학에서의 의료행위 경계, 해야 할 것과 하지 말아야 할 것?(Doen of laten? Grenzen van medisch handelen in de neonatologie)』, 위트레흐트, 1992.

Onwuteaka-Philipsen, B., Legemaate, J., Evenblij, K. et al.(온우티아커-필립스엔 B., 레헤마테, J., 에번블레이, K. 외), 『안락사 및 조력자살법 평가 제3차 보고서(Derde evaluatie Wet toetsing levensbeëindiging op verzoek en hulp bij zelfdoding)』. 헤이그: 네덜란드 보건연구개발기구(ZonMw), 2017.

Overleggroep toetsing zorgvuldig medisch handelen rond het levenseinde bij pasgeborenen(신생아 임종 단계의 신중한 의료행위 평가를 위한 협의회), 『신생아 생애말기 결정에 관한 의료행위 기준: 의료 실천의 거울로서의 평가(Toetsing als spiegel van de medische praktijk)』. 레이스베이크, 1997.

Pans, E.(판스, E.), 『네덜란드 안락사법의 규범적 기반(De normatieve grondslagen van het Nederlandse euthanasierecht)』. 나이메헌: 울프 리걸 퍼블리셔스(Wolf Legal Publishers), 2006.

Ploem, M., Krol, E., Asscher, E. et al.(플룸, M., 크롤, E., 아셔르, E. 외), 『임신 후기 낙태 및 신생아 생명종결에 대한 평가위원회 규정 평가(Evaluatie Regeling beoordelingscommissie late zwangerschapsafbreking en levensbeëindiging bij pasgeborenen)』. 헤이그: 네덜란드 보건연구개발기구(ZonMw), 2022.

Steenbergen, E. van.(반 스테인베르헌, E.),「최후의 의지, 치명적 분말의 유통을 완전히 중단(Laatste Wil stopt definitief met verspreiden dodelijk poeder.)」,『NRC 한델스블라트(NRC Handelsblad)』, 2018년 3월 26일.

Steenbergen, E. van & Dallinga, M.(반 스테인베르헌, E. & 달링하, M.),「검찰, 치명적 분말 관련 협동조합 수사 착수(OM onderzoekt coöperatie om dodelijk poeder)」,『NRC 한델스블라트』, 2018년 3월 21일.

Uit Vrije Wil - Burgerinitiatief voltooid leven(자유로운 의지 - 완결된 삶을 위한 시민발의). 웹사이트: www.uitvrijewil.nu/index.php?id=1000/ (접속일: 2022년 8월 30일)

Van der Heide, A., Legemaate, J., Onwuteaka-Philipsen, B. et al.(반 데르 헤이더, A., 레헤마테, J., 온우테아카-필립센, B. 외),『안락사 및 조력자살법 평가 제4차 보고서(Vierde evaluatie Wet toetsing levensbeëindiging op verzoek en hulp bij zelfdoding)』. 헤이그: 네덜란드 보건연구개발기구(ZonMw), 2023.

Vathorst, S. van de, Gevers, J., Heide, A. van der, et al.(반 더 파트호르스트, S., 헤퍼르스, J., 반 데르 헤이더, A. 외),『임신 후기 낙태 및 신생아 생명종결에 대한 중앙 전문위원회 규정 평가(Evaluatie Regeling centrale deskundigencommissie late zwangerschapsafbreking en levensbeëindiging bij pasgeborenen)』. 헤이그: 네덜란드 보건연구개발기구(ZonMw), 2013.

Verhagen, E. & Buijsen, M.(페어하헌, E & 뷔이선, M.),「네덜란드 안락사법은 아동에게까지 확대되어야 하는가?(Should the Dutch Law on Euthanasia Be Expanded to Include Children?)」,『케임브리지 의료윤리 계간지(Cambridge Quarterly of Healthcare Ethics)』32 (2023): 5-13. DOI: https://doi.org/10.1017/S0963180122000457

Verhagen, E. & Sauer, P.(페어하헌, E. & 사우어 P.),「흐로닝언 프로토콜 - 중증 질환 신생아의 안락사(The Groningen Protocol - Euthanasia in Severely Ill Newborns)」,『뉴잉글랜드 의학 저널(New England Journal of Medicine)』352 (2005): 959-962.

Visser, M.(피서르, M.),「최후의 의지 협동조합, 자살용 분말 유통 추진(Coöperatie Laatste Wil maakt werk van zelfdodingspoeder)」, 『트라우(Trouw)』, 2018년 2월 9일.

Wal, G. van der & Maas, P. van der.(반 데어 발, G. & 반 데어 마스, P.), 『안락사와 생의 말기에 관한 기타 결정들(Euthanasie en andere beslissingen rond het levenseinde)』. 헤이그: Sdu 출판사, 1996.

Weyers, H.(바이어스, H.), 『안락사: 법 변화의 과정』(Euthanasie: Het proces van rechtsverandering). 암스테르담: 암스테르담 대학교 출판부(Amsterdam University Press), 2004.

Wier, M. van de.(반 더 위어르 M.), 「검찰: 알렉스 S.로부터 약물 X를 구매한 후 최소 15명 사망(OM: zeker vijftien mensen overleden na aankoop middel X bij Alex S.)」, 『트라우』, 2021년 10월 21일.

Wijngaarden, E. van, Thiel, G. van, Hartog, I. et al.(반 바인하르던, E., 반 틸, G., 하르토흐, I.), 『심각한 질병이 없는 노인의 죽음 욕구에 대한 시각: 사람들과 수치(Perspectieven op de doodswens van ouderen die niet erg ziek zijn: de mensen en de cijfers)』. 헤이그: 네덜란드 보건연구개발기구(ZonMw), 2020.

Zwanenburg, E.(즈바넨뷔르흐, E.), 「안락사 평가, 암묵적으로 완화되다(Toetsing euthanasie stilzwijgend versoepeld)」, 『메디시 콘탁트(Medisch Contact)』 66 (2011): 2128-2130.

조약(Treaties)

『인권과 기본적 자유의 보호를 위한 협약(Convention for the Protection of Human Rights and Fundamental Freedoms)』, 로마, 1950년 11월 4일. 유럽조약총서 제5호(ETS No. 005).

『아동 권리에 관한 협약의 통신절차에 관한 선택의정서(Optional Protocol to the Convention on the Rights of the Child on a Communications Procedure)』, 뉴욕, 2011년 12월 19일.

『아동의 권리에 관한 유엔 협약(UN Convention on the Rights of the Child)』, 뉴욕, 1989년 11월 20일. 웹사이트: www.ohchr.org/en/instruments-

mechanisms/instruments/convention-rightschild
(접속일: 2024년 3월 25일)

법률(Laws)

네덜란드 민법전 제7권 제446조-468조, 1991년 네덜란드 국가관보 제600호
(Burgerlijk Wetboek (Boek 7: artt. 446-468), Stb. 1991, 600)
[Civil Code, Book 7, Articles 446-468].

네덜란드 왕국 헌법, 1840년 네덜란드 국가관보 제48호
(Grondwet voor het Koninkrijk der Nederlanden, Stb. 1840, 48)
[Constitution of the Kingdom of the Netherlands].

매장 및 화장법, 2014년 네덜란드 국가관보 제380호
(Wet op de lijkbezorging, Stb. 2014, 380)
[Burial and Cremation Act].

안락사 및 조력자살의 검토에 관한 법률(안락사법), 2001년 네덜란드 국가관보 제194호
(Wet toetsing levensbeëindiging op verzoek en hulp bij zelfdoding, Stb. 2001, 194)
[Euthanasia Act].

형법전, 1886년 네덜란드 국가관보 제6호
(Wetboek van Strafrecht, Stb. 1886, 6)
[Criminal Code].

규정(Regulations)

제2유형 임신 후기 낙태 및 중증 고통 신생아 생명종결에 관한 중앙 전문가 위원회 규정, 2007년 네덜란드 정부 관보 제51호
(Regeling centrale deskundigencommissie late zwangerschapsafbreking in een categorie-2 geval en levensbeëindiging bij ernstig lijden de pasgeborenen, Stcrt. 2007, 51)
[Regulation Establishing the Central Expert Committee for Category-2 Late-Term Abortions and Termination of Life in Newborns].

임신 후기 낙태 및 신생아 생명종결에 대한 평가위원회 규정,
2016년 네덜란드 정부 관보 제3145호
(Regeling beoordelingscommissie late zwangerschapsafbreking en levensbeëindiging bij pasgeborenen, Stcrt. 2016, 3145)
[Order Establishing the Review Committee on Late-Term Abortions and Termination of Life in Newborns].

지침(Instructions)

요청 없는 생명종결 및 임신 후기 낙태에 대한 기소 지침, 2017년 12월 1일,
법령 식별번호: 0040270
(Aanwijzing vervolgingsbeslissing levensbeëindiging niet op verzoek en late zwangerschapsafbreking, December 1, 2017, BWBR0040270)
[Instruction on the Prosecution of Termination of Life Not on Request and Late-term Abortion].

의회 회의록 및 문서(Parliamentary Proceedings and Parliamentary Papers)

회의록(Proceedings)
제2 의회 회의록(Handelingen II) 1983/84, 부속문서(Bijlage) 18331.
제2 의회 회의록 1985/86, 부속문서 19359, No. 3.
제2 의회 회의록 1989/90, 부속문서 21132, No. 8.
제2 의회 회의록 1989/90, 부속문서 21300-VI, No. 22.
제2 의회 회의록 1991/92, 부속문서 22572, No. 3.
제2 의회 회의록 1996/97, 부속문서 23877, No. 3.
제2 의회 회의록 2011/2012, No. 61.

문서(Papers)
제2 의회 문서(Kamerstukken II) 1998/99, 문서번호 26691, No. 2.
제2 의회 문서 1998/99, 문서번호 26691, No. 3.
제2 의회 문서 1999/2000, 문서번호 26691, No. 6.

제2 의회 문서 2012/2013, 문서번호 31036, No. 7.
제2 의회 문서 2013/2014, 문서번호 32647, No. 26.
제2 의회 문서 2019/20, 문서번호 35534, No. 2.
제2 의회 문서 2019/20, 문서번호 35534, No. 3.
제2 의회 문서 2020/21, 문서번호 32647, No. 82.
제2 의회 문서 2021/22, 문서번호 32647, No. 92.

판례(Case Law)

유럽인권재판소(European Court of Human Rights)

이탈리아 아르티코 사건(Artico v. Italy), 1980년 5월 13일, 사건번호(App. No.): 6694/74.

영국 가드 외 사건(Gard and Others v. United Kingdom), 2017년 6월 27일, 사건번호: 39793/17.

스위스 하스 사건(Haas v. Switzerland), 2011년 1월 20일, 사건번호: 31322/07.

프랑스 랑베르 외 사건(Lambert and Others v. France), 2012년 6월 5일, 사건번호: 46043/14.

영국 프리티 사건(Pretty v. United Kingdom), 2002년 4월 29일, 사건번호: 2346/02.

네덜란드 대법원(Supreme Court of the Netherlands/Hoge Raad)

네덜란드 대법원(Hoge Raad), 1944년 2월 8일, 네덜란드 판례집(NJ) 1944, 314.

네덜란드 대법원, 1984년 11월 27일, 네덜란드 판례집 1985, 106.
네덜란드 대법원, 1987년 12월 15일, 네덜란드 판례집 1988, 811.
네덜란드 대법원, 1994년 6월 21일, 네덜란드 판례집 1994, 656.

네덜란드 대법원, 2002년 12월 24일, 네덜란드 판례집 2003, 167 [ECLI(유럽 판례 식별 번호):NL(네덜란드):HR(법원 코드):2002(판결 연도):AE8772(고유번호)].

네덜란드 대법원, 2017년 3월 14일 (ECLI:HR:2017:418).
네덜란드 대법원, 2020년 4월 21일(a) (ECLI:NL:HR:2020:712) (형사사건).
네덜란드 대법원, 2020년 4월 21일(b) (ECLI:NL:HR:2020:713) (징계사건).

네덜란드 대법원 소속 검찰국의 의견서(Parket bij de Hoge Raad), 2016년 11월 8일 (ECLI:NL:PHR:2016:1086).

항소심 법원(Court of Appeal / Gerechtshof)
암스테르담 항소법원, 1952년 7월 8일, 사건번호(rolnr.) 524/1952.
암스테르담 항소법원, 1983년 11월 17일, 네덜란드 판례집 1984, 43.
헤이그 항소법원, 1985년 6월 10일, 네덜란드 판례집 1987, 608.
헤이그 항소법원, 1986년 9월 11일, 네덜란드 판례집 1987, 608.
레우워던 항소법원, 1993년 9월 30일, 보건법 저널(TvGR) 1993/62.
암스테르담 항소법원, 1995년 11월 7일, 네덜란드 판례집 1996, 113.
레우워던 항소법원, 1996년 4월 4일, 보건법 저널(TvGR) 1996/15.
암스테르담 항소법원, 2001년 5월 8일, 전자 판결 등록 시스템(ELRO) AB1474.
암스테르담 항소법원, 2001년 12월 6일, 국가 판례 번호(LJN) AD6753.
아른헴-레우워던 항소법원,* 2015년 5월 13일 (ECLI:NL:GHARL:2015:3444).
덴보스 항소법원, 2018년 1월 31일 (ECLI:NL:GHSHE:2018:345).

지방법원(District Court / Rechtbank)
위트레흐트 지방법원, 1952년 3월 11일, 네덜란드 판례집 1952, 275.
레우워던 지방법원, 1973년 2월 21일, 네덜란드 판례집 1973, 183.
로테르담 지방법원, 1981년 12월 1일, 네덜란드 판례집 1982, 63.
알크마르 지방법원, 1983년 5월 10일, 네덜란드 판례집 1983, 407.
아센 지방법원, 1993년 4월 21일, 보건법 저널(TvGR) 1993/42.
헤이그 지방법원, 2019년 9월 11일 (ECLI:NL:RBDHA:2019:9506).
하를럼 지방법원, 2000년 7월 25일, 결정(beschikking) 형사소송법 제250조(art. 250 Sv), 검찰청 사건번호(parketnr.) 15/035127-99.
하를럼 지방법원, 2000년 10월 30일, 사건번호 15/035127-99.
헬데를란트 지방법원, 2013년 10월 22일 (ECLI:NL:RBGEL:2013:3976).
헤이그 지방법원, 2022년 12월 14일 (ECLI:NL:RBDHA:2022:13394).
동(東)브라반트 지방법원, 2023년 7월 18일 (ECLI:NL:RBOBR:2023:3640).

---

* 2013년 네덜란드 법원 구조 개편으로 기존 아른헴 항소법원(Gerechtshof Arnhem)과 레우워던 항소법원(Gerechtshof Leeuwarden)이 통합되어 아른헴-레우워던 항소법원(Gerechtshof Arnhem-Leeuwarden)이 신설되었다. 2013년 이전 판결 기록에는 기존 법원 명칭이 그대로 사용된다.

보건징계위원회(Disciplinary Board)

중앙 보건징계위원회(Centraal Tuchtcollege Gezondheidszorg), 2019년 3월 19일 (ECLI:NL:TGZCTG:2019:68).

헤이그 지역 보건징계위원회(Regionaal Tuchtcollege Gezondheidszorg Den Haag), 2018년 7월 24일 (ECLI:NL:TGZRSGR:2018:165).

임신 후기 낙태 및 신생아 생명종결 심의위원회
(Review Committee on Late-Term Abortions and Termination of Life in Newborns)

임신 후기 낙태 및 신생아 생명종결 평가위원회 2020, 『2019년 연례보고서(Annual Report 2019)』, 위트레흐트: LZA/LP(위원회 약칭), 2022.
* 전체 보고서는 www.lzalp.nl/publicaties/jaarverslagen/vertalingen에서 확인 가능.

지역 안락사 심의위원회(Regional Euthanasia Review Committees)

연례보고서(Annual Report)

지역 안락사 심의위원회, 『2003년 연례보고서』. 헤이그, 2004.
지역 안락사 심의위원회, 『2004년 연례보고서』. 헤이그, 2005.
지역 안락사 심의위원회, 『2006년 연례보고서』. 헤이그, 2007.
지역 안락사 심의위원회, 『2010년 연례보고서』. 헤이그, 2011.
지역 안락사 심의위원회, 『2012년 연례보고서』. 헤이그, 2013.
지역 안락사 심의위원회, 『2017년 연례보고서』. 헤이그, 2018a.
지역 안락사 심의위원회, 『2018년 연례보고서』. 헤이그, 2019.
지역 안락사 심의위원회, 『2019년 연례보고서』. 헤이그, 2020a.
지역 안락사 심의위원회, 『2020년 연례보고서』. 헤이그, 2021.
지역 안락사 심의위원회, 『2021년 연례보고서』. 헤이그, 2022.
지역 안락사 심의위원회, 『2022년 연례보고서』. 헤이그, 2023.
* 전체 보고서는 https://english.euthanasiecommissie.nl/the-committees/annual-reports에서 확인 가능.

실무 지침(Codes of Practice)

지역 안락사 심의위원회, 『실무 지침』, 헤이그, 2015.
지역 안락사 심의위원회, 『안락사 지침 2018』, 헤이그, 2018b.

지역 안락사 심의위원회, 『안락사 지침 2020』, 헤이그, 2020b.

* 전체 실무 지침은 https://english.euthanasiecommissie.nl/the-committees/code-of-practice에서 확인 가능.

지역 안락사 심의위원회 판단 사례
(Regional Euthanasia Review Committee Judgments)

지역 안락사 심의위원회, 결정문(Oordeel) 2012-04
지역 안락사 심의위원회, 결정문 2012-18.
지역 안락사 심의위원회, 결정문 2012-21.
지역 안락사 심의위원회, 결정문 2012-42.
지역 안락사 심의위원회, 결정문 2014-90.
지역 안락사 심의위원회, 결정문 2015-01.
지역 안락사 심의위원회, 결정문 2016-85.
지역 안락사 심의위원회, 결정문 2017-19.
지역 안락사 심의위원회, 결정문 2018-44.
지역 안락사 심의위원회, 결정문 2018-50.
지역 안락사 심의위원회, 결정문 2019-17.

* 전체 결정문은 www.euthanasiecommissie.nl/uitspraken-en-uitleg에서 확인 가능(네덜란드어).

감사의 글

이 캠브리지 엘리먼트 시리즈 중 한 권을 집필하는 동안 나는 네덜란드의 안락사 정책과 실무에 관해 내 생각을 더욱 날카롭게 해준 모든 이들에게 빚을 졌다. 언제나 그렇듯 로테르담 에라스무스 대학교는 나에게 훌륭한 연구 환경을 제공했다. 특히 그곳 보건법 학과의 동료들에게 깊이 감사한다. 나는 수년간 카레사 볼, 안드레 텐 엑스터, 마이 플리트우드-버드, 에바 펄데스, 에른스트 홀스트, 아헤트 클래센, 엘리네 린토르스트, 필리파 모스, 마를로인 시모니스, 루지아 선, 마를로인 티머르스와 안락사를 주제로 수많은 논의를 나누어 왔다. 이렇게 박식하고 재능 있는 동료들이 있기에, 이 일은 기쁨이자 배움이었다.

또한 이 책의 내용을 개선하는 데 많은 도움을 준 케임브리지대학교 출판부, 특히 줄리아 포드와 비다 아슈윈 크리슈난에게도 고맙게 생각한다. 이 캠브리지 엘리먼트 시리즈의 기획을 처음 제안한 토미 쿠슈너는 한결같이 헌신적이었다. 그녀는 여러모로 기여해 주었고, 나는 그 은혜를 영원히 잊지 않을 것이다.

우리에게 **안락사**가 온다

초판 인쇄	2026년 1월 10일
1쇄 발행	2026년 1월 17일
지은이	마르틴 부이선
옮긴이	김영수
펴낸이	이송준
펴낸곳	인간희극
등록	2005년 1월 11일 제319-2005-2호
주소	서울특별시 동작구 사당동 1028-22
전화	02-599-0229
팩스	0505-599-0230
이메일	humancomedy@paran.com

ISBN 978-89-93784-89-3 03330

- 잘못 만들어진 책은 구입하신 곳에서 바꾸어 드립니다.
- 값은 표지에 표기되어 있습니다.